최고의 휴식

"왜 아무리 쉬어도
피곤이 풀리지 않는 걸까"

최고의 휴식

구가야 아키라 지음 | 홍성민 옮김

알에이치코리아

아무리 쉬어도 피곤한
당신을 위한 진정한 휴식법

'바쁘건 바쁘지 않건 늘 피곤하다.'
'아무리 쉬고 잠을 자도 몸이 무겁다.'
'집중력이 부족하다. 잡념이 많다.'

만약 당신이 이런 상태라면 단순히 몸이 지친 것이 아니다.
이 모든 원인은 뇌가 지쳐 있는 것이다. 우리는 보통 '휴식＝몸
을 쉬는 것'이라고 생각한다. 충분한 수면을 취한다거나 뜨거운
온천욕을 한다거나 휴양지에서 느긋하게 시간을 보낸다거
나…… 하는 등 말이다. 물론 그렇게 몸을 쉬게 해주는 것도 매

우 중요하다. 하지만 그것만으로 풀리지 않는 피로도 분명 있다. 바로 '뇌의 피로'이다. 뇌의 피로를 풀어주기 위해서는 뇌에 맞는 휴식법이 필요하다.

뇌의 피로는 육체 피로와는 근본적으로 다르기 때문에 아무리 몸을 쉬어도 풀리지 않는다. 게다가 뇌의 피로감이 쌓이면 몸의 피로도 바람과는 달리 해소되지 못하고 점점 축적된다. 그렇게 피로가 만성화되면 늘 답답하고, 짜증스러운 상태가 된다. 자연히 일에서도 성과가 저하될 뿐 아니라 악순환이 반복되면 마음의 병을 얻기 쉽다.

나는 미국 로스앤젤레스 사우스베이에서 멘탈 클리닉을 운영하고 있다. 예일대에서의 연구 생활을 마치고 클리닉을 오픈한 뒤 사람들 마음의 고민을 해결해왔다.

최근 미국의 정신의료는 크게 달라지고 있다.

예를 들어 최근 미국에서는 약물 치료를 멀리하고 있다. 뇌를 하나의 장기로 인식하고 직접 치료하려는 뇌과학적인 연구법이 발전하고 있기 때문이다. 첨단 뇌과학의 발전과 함께 TMS 자기치료 등의 의료 기술 혁신으로 부작용이 따르는 약물에 의존하지 않아도 마음의 문제를 개선할 수 있게 되었다.

이와 더불어 카운슬링 분야에도 마인드풀니스를 포함한 제 3세대 인지행동요법 등이 도입되고 있다. 여기서 마인드풀니스는 단순히 긴장을 이완하는 것과는 근본적으로 다르다. 이 영역에도 뇌과학이 접목되어 마인드풀니스가 뇌에 긍정적인 변화를 가져온다는 것이 실증적으로 확인되고 있다.

나는 예일대 의대 정신과에서 첨단 뇌과학을 연구하면서 이 효과를 목도하였고, 현재 클리닉에서도 TMS 자기치료와 마인드풀니스를 기반으로 환자를 치료하고 있다.

이 과정을 통해 나는 마인드풀니스가 상당히 간단하면서도 유효성을 기대할 수 있다는 것을 실제로 경험했다. 환자들의 변화는 놀라운 수준이었다. 이 책을 쓰게 된 까닭도 이 과정을 통해 내가 얻은 것들을 나누고 싶다는 바람에서이다.

뇌는 '가만히 있어도' 지친다

마인드풀니스mindfulness의 다른 이름은 마음챙김 명상이다. 명상이라고 하면 왠지 의심스러운 눈으로 볼 수도 있다. 왠지 종교적인 것 같다는 생각을 할지도 모르고, '굳이 그런 번거로운 것을 하지 않아도 가만히 있으면 뇌가 쉴 수 있지 않을까?' 생각하는 사람도 있을 것이다.

그러나 인지활동을 하지 않는다고 해서 뇌가 쉴 수 있는 것은 아니다. 오히려 점점 에너지를 소모할 가능성이 있다.

인간의 뇌는 체중의 2퍼센트정도의 크기지만 신체가 소비하는 전체 에너지의 20퍼센트를 사용하는 '대식가'다.[1] 뇌가 소비하는 에너지의 대부분은 디폴트 모드 네트워크DMN, Default Mode Network라는 뇌 회로에 사용된다. 이는 뇌의 안쪽 전전두엽과 후방대상피질, 설전부(쐐기앞소엽), 하두정소엽(아래마루소엽)으로 구성되는 뇌내 네트워크로 뇌가 의식적인 활동을 하지 않을 때도 작동하는 기초 활동이다. 자동차의 아이들링(공회전)을 생각하면 이해하기 쉬울 것이다. 즉 우리의 뇌는 아무것도 하지 않아도 공회전하며 에너지를 쓰고 있다는 뜻이다.

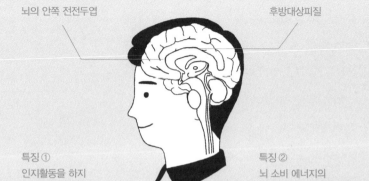

뇌의 안쪽 전전두엽

후방대상피질

특징 ①
인지활동을 하지
않을 때도 작동한다

특징 ②
뇌 소비 에너지의
60~80퍼센트를 차지한다

디폴트 모드 네트워크(DMN)
뇌의 안쪽 전전두엽, 후방대상피질. 설전부, 하두정소엽으로 구성되는 뇌의 회로

나는 예일대에서 연구를 하던 시절부터 바로 이 부분에 관심을 가졌고, 디폴트 모드 네트워크의 발견자인 마커스 라이클Marcus E. Raichle을 직접 만나 가르침을 구하기도 했다.

디폴트 모드 네트워크는 뇌가 소비하는 전체 에너지 중 무려 60~80퍼센트를 사용한다. 즉 가만히 있어도 디폴트 모드 네트워크가 과도하게 활성화되면 뇌는 점점 지치고 만다. '하루 종일 가만히 있었는데도 이상하게 피곤하다'고 느낀 적이 있다면 스스로 디폴트 모드 네트워크가 지나치게 활성화되지 않았는지 점검해볼 필요가 있다. 단순화하면 디폴트 모드 네트워크의 과도한 활성화를 스스로 통제할 수 있는 뇌 구조를 만들지 않는 한 진정한 휴식을 누리기 어렵다는 뜻이다.

당신이 느끼는 피로감은 뇌의 현상이다. 물리적인 피로 이상으로 뇌의 피로가 우리로 하여금 '지쳤다'는 느낌을 갖게 만든다. 그렇기에 뇌를 쉬게 하는 '뇌 휴식법'을 익히는 것은 진정한 의미의 휴식을 취할 수 있게 되는 것이며 나아가 집중력과 일의 효율을 높이는 방법이다.

세계 엘리트들이 선택한 휴식법

마인드풀니스라는 말을 들어본 적 있는가? 미국에서는 최근 수년 동안 이 마인드풀니스가 폭발적인 인기를 얻고 있다. 마인드풀니스를 한 마디로 설명한다면 '명상을 통한 뇌 휴식법' 전반을 의미한다.

애플 창업자 스티브 잡스가 명상 실천자였다는 이야기는 유명하다. 또 구글에서도 '너의 내면을 검색하라SIY, Search Inside Yourself'라는 마인드풀니스 사내 연수 프로그램을 실시해 실질적인 효과를 얻고 있다.[2] 그 외에 페이스북, 시스코, 파타고니아, 애트나 등 유명 기업에서도 마인드풀니스를 도입했다.

경영자들 중에서 마인드풀니스를 실천하고 있는 사람도 적지 않은데 세일즈포스닷컴의 마크 베니오프, 링크드인의 제프 와이너, 홀푸드마켓의 존 매키 등의 CEO나 트위터를 창업한 에반 윌리엄스 등이 대표적 인물이다.

실리를 중시하는 미국인, 그것도 정말 도움이 되는 것에만 관심을 갖는 엘리트들이 왜 마인드풀니스를 실천할까? 그 이유는 간단하다. 그들은 '뇌 휴식법'의 중요성을 깨닫고 마인드풀니스가 '최고의 휴식법'이란 것을 알았기 때문이다.

학문적인 영역에서도 마인드풀니스의 뇌과학적인 증명이 이루어지고 있다. 이 책에 여러 번 등장하는 매사추세츠대학의 저드슨 브루어 Judson Brewer 는 예일대학 의과대 정신과에서 함께 연구했던 연구자이다. 그는 마인드풀니스를 통해 디폴트 모드 네트워크의 주요 부위 활동을 감소시킬 수 있다는 연구 결과를 내놓으며 마인드풀니스가 '과학적으로 올바른 뇌 휴식법'이라는 증거를 제시하였다. 사실 그 외에도 다양한 연구 결과가 이미 마인드풀니스가 가장 실질적이고 과학적인 휴식법이라는 것을 증명해내고 있다. 그러니 당신에게 지금 당장 필요한 일은 마인드풀니스가 비과학적이고 종교적인 것이라는 편견으로부터 벗어나는 것이다.

지치지 않는 몸과 마음을 위하여

이 책에서는 '최고의 휴식법'인 '마인드풀니스'에 대해 소개

한다. 스토리텔링 형식을 빌어서 가능한 쉽게 설명하고자 했다. 무대는 예일대학 의학부. 등장인물은 모두 가공의 인물이지만 인용한 연구 내용은 실제 자료들이며, 그 내용은 참고문헌을 통해 자세하게 소개했으니 좀 더 깊이 있는 내용이 궁금하다면 참고하면 좋겠다.

이 책에서는 마인드풀니스가 뇌과학의 최전선과 어떻게 연결되는지 사실적으로 드러내고자 했다. 동시에 당신의 실생활에서 활용할 수 있도록 '뇌의 피로를 해소하는 최고의 휴식법'을 7가지로 제시하였다. 전체를 다 읽지 않는다고 해도 이 7가지 방법만 익혀도 굉장히 도움이 될 것이다.

마지막으로 한 가지만 더 당부하고 싶은 것이 있다.

당신은 '휴식'이란 말을 들으면 무엇을 떠올리는가? 혹시 임기응변적인 응급처치를 상상하는 건 아닌가? 단언컨대 궁극적인 휴식은 단순한 '충전'이 아니다. 뇌는 변화하는 성질, 즉 뇌가소성을 가지고 있기 때문에 단순히 '충전'이 아니라 '쉽게 지치지 않는 뇌'로 구조 자체를 바꿀 수 있다.

방전된 배터리를 충전하는 것은 진정한 휴식이 아니다. 자신의 뇌를 바꿔서 지금, 여기에 집중하는 마음의 근력을 갖는 것이 『최고의 휴식』의 진짜 목적이다.

그 점을 꼭 기억하길 바란다.

CONTENTS

마인드풀 모멘트
'최고의 휴식법' 이야기

무대는 미국의 예일대학.
각기 다른 피로를 안고 있는 등장인물들이
'최고의 휴식법'을 깨닫기까지의
마인드풀니스에 관한 이야기이다.

뉴헤이븐의 은자

나는 결국 학교의 정신과를 향해 발걸음을 옮겼다.

지하로 이어지는 좁은 계단을 내려가자 연구실이 보였다. 활짝 열려 있는 연구실 문 안에서 분주하게 오가던 그와 눈이 마주쳤다.

"오, 나쓰!"

이 지하 연구실 주인인 랄프 그로브 교수이다.

20세기 후반부터 혁신적인 뇌과학 연구 결과를 차례로 발표한 이 노인은 나를 '나쓰'라고 부른다. 엄연히 오가와 나쓰호라는 이름이 있지만 미국인에게는 기억도 발음도 하기 어려운 것 같았다.

"슈퍼! 다시 만나다니!"

'슈퍼'는 멋지다, 놀랍다라는 의미로 그가 자주 쓰는 말이다. 자그마한 체구에 구겨진 흰색 가운. 사방으로 뻗친 덥수룩한 머리, 싸구려 샌들에 보풀 투성이 양말……. 그로브 교수는 여전히 지저분한 모습이었다.

그로브 교수를 모르는 사람에게 그의 외모를 100퍼센트 확실하게 설명할 수 있는 방법이 하나 있는데 그건 바로 영화 〈스타워즈〉에 나오는 요다와 똑같다고 말하는 거다. 실제로 직접 그를 본 사람은 너무 닮은 모습에 놀라움을 감추지 못한다.

"하하하, 오랜만이야. 연구는 잘 돼?"

요다(나는 속으로 그를 그렇게 불렀다)는 힘껏 쥐어짠 스펀지처럼 얼굴을 있는 대로 구기며 귀에 거슬릴 만큼 큰소리로 웃었다. 그는 나와의 재회가 기쁜 모양이었다. 하지만 나는 연구실에 들어선 순간부터 어떤 표정을 지어야 할지 난감했다.

"선생님…… 그때는 …… 죄송했습니다!"

나는 얼른 고개를 숙였다. 마음속에 자기혐오가 밀려왔다.

"어서 앉아. 차 한 잔 어때?"

요다는 내 말은 개의치 않는 듯 도자기로 된 찻잔에 녹차를 따르기 시작했다. 의자에 앉는 순간 옆에 수북이 쌓여 있던 학술지가 눈사태를 일으키듯 소리를 내며 바닥에 떨어졌다. 연구실도 그의 외모만큼이나 어수선했다.

"후하하하."

그가 웃으며 덥수룩한 머리를 긁적였다. 가운 옆구리의 누런 얼룩이 눈에 들어왔다. 대체 언제부터 세탁하지 않은 걸까. 하긴 이 역시 내게는 익숙한 광경이었다.

"나쓰, 왠지 많이 피곤해 보이는군. 피곤하면 얼굴의 빛이 사라지는데 말이야. 하긴 피곤하지 않은 현대인이 어디 있겠어. 후하하."

요다의 말대로였다. 나는 지금 이런저런 문제들로 골치가 아팠다. 무엇보다 나는 너무 지쳤다. 그리고 문제를 해결할 만한 기력도, 체력도 바닥나버렸다고 생각했을 때 신기하게도 내 발걸음이 저절로 이곳을 향했다.

눈앞에 있는 괴이한 노인이 자리 잡고 있는 지하 연구실.

다시는 돌아오지 않을 거라고 생각했던 곳.

그곳에 내 발로 다시 찾아왔다.

요다가 따라준 따뜻한 녹차를 한 모금 마시자 지금껏 외면했던 피로가 마음 깊은 곳에서부터 밀려왔다.

"선생님, 사실은……."

— 이것은 내가 최고의 휴식을 얻기까지의 이야기이다.

M I N D F U L N E S S

01

그들은 어떻게
휴식을 취하는가

세계 최고 엘리트의 휴식법

무기력하고 패기가 없다면
지금 뇌가 지쳐 있지 않은지 점검해보자.
당신 스스로 제대로 쉬겠다는 마음으로 시작해야
최고의 휴식을 얻을 수 있다.

내 이름은 오가와 나쓰호. 29세. 뇌과학 연구자가 되는 것이 목표다. 일본 대학원에서 박사 과정을 수료하고 미국 예일대학의 연구원이 되었다. 흔히 말하는 박사 후 과정 연구원이다. 자랑은 아니지만 일본에 있을 때는 전도유망한 인재였다. 많은 경쟁자를 물리치고 세계적인 저널에 논문도 발표했다. 다른 사람이 5시간으로 만족하는 것을 나는 10시간을 들여 연구했다. 그만큼 남보다 많은 시간을 연구에 투자했다.

게다가 먼저 말을 걸어오는 이성이 적지 않을 만큼 외모도 나쁘지 않았다. 재능과 노력 모두를 겸비했다고 생각한 나는 의기양양하게 미국으로 건너와 최고의 연구원이 되기 위한 준비 기간을 열심히 보낼 작정이었다.

미국 명문인 아이비리그, 엄선된 엘리트만 모이는 최고 학교 중 나는 예일을 선택했다. 예일대 의대 신경정신과는 〈US뉴스〉 조사에서 매해 세계 랭킹 5위에 들 만큼 높은 평가를 받는 곳이다.[1] 세계 처첨단 멘탈 케어 연구가 이루어지고 있는 곳이기에 '최첨단 뇌과학을 통해 마음의 고민을 해결하고 싶다'는 내 바람을 이곳에서 이룰 수 있을 것이라 생각했다.

예일에 처음 도착했을 때 나는 앞으로 펼쳐질 연구 생활에 가슴이 설렜다. 명성답게 신경정신과가 있는 건물에는 세계적으로 유명한 학자들의 연구실이 줄지어 있었다. 유전자연구실, 임상실험연구실, 최첨단 뇌과학연구실, 역학연구실, 화상연구실……. 그곳을 둘러보며 기대로 내 심장은 더욱 요동쳤다.

그리고 랄프 그로브 교수 ― 요다의 연구실에 배속되었다는 소식을 들었을 때 흥분은 최고조에 달했다. 최첨단 뇌과학을 전공하는 연구자 중 그의 이름을 모르는 사람이 없을 정도로 그는 셀 수 없이 많은 연구 성과를 거둔 연구자였다.

하지만 기대가 실망으로 바뀌는 데까진 한 시간도 채 걸리지 않았다. 물론 요다를 닮은 외모가 가져다준 현실과 이상의 차이 때문만은 아니다.

"그로브 교수, 옛날하고는 달라."

"하필이면 연구실까지…… 아무튼 안됐어."

대부분의 동료가 입을 모아 그렇게 말했다. 무슨 일이 있었는지 모르지만 어느 순간부터 학자로서의 그의 명예는 실추된 것 같았다. 몇몇에게 들으니 햇빛이 들지 않는 지하 연구실로 옮긴 후로는 아무도 그에 대해 언급하지 않는다고 했다.

무엇보다 충격적인 것은 그로브 교수가 최첨단 뇌과학 연구를 그만두었다는 사실이었다.

○ ○ ○

나는 왜 짜증이 나고 무기력한 걸까

"교토에서 나고 자랐다고? 슈퍼! 나도 몇 번 간 적이 있는데 정말 멋진 곳이더군."

요다는 오랜만에 자신의 연구실에 온 일본인 연구원을 크게 환대했다. 모든 것을 압도하는 불결함만 아니었다면 그는 분명 상당히 매력적인 인물이었다.

하지만 나는 이 괴짜 노인 밑에 있다가는 내 귀한 연구 생활을 낭비하게 될 수도 있다는 생각이 들었다. 도저히 참을 수 없는 일이었다. 나는 연구실에 배속된 지 2주일도 채 안 되었을 때 학과장을 찾아가 '당장 연구실을 바꾸고 싶다'고 요구했다.

그렇게 나는 어이없다는 표정을 짓고 있는 학과장을 설득해 첨단 뇌과학연구실로 옮겼다.

풀죽은 요다를 팽개치고 쟁취한 새로운 연구 환경은 내가 꿈꾸던 그대로였다. 동료들은 소름 끼칠 만큼 집중하여 연구에 몰두했고, 정신건강에 관한 뇌과학의 현주소를 확인할 때마다 놀라움의 연속이었다.

이미 알고 있던 대로 우울증이나 불면증과 뇌의 관련성이 밝혀진 것을 너머, 이미 뇌를 직접 치료하면서 증상을 개선하는 시도가 이루어지고 있었다. 부작용이 따를 수밖에 없는 약물에만 의존하는 시대는 끝나가고 있었다.

최첨단 뇌과학연구실은 어쨌든 내게는 놀라운 미래를 예측해볼 수 있는 첨단 지식의 보고였다. 뇌과학을 통해서라면 인간의 뇌를 만드는 시대가 곧 도래할 수 있다는 확신 같은 게 생겼을 정도였다. 나는 그동안 충전해둔 에너지를 한 번에 터트리듯 밤낮을 가리지 않고 매일 연구실에 틀어박혀 연구에만 몰두했다.

• • •

"그런데 왜 다시 이 늙은이가 있는 곳에 돌아온 거지?"

뇌과학과 마음 챙김

뇌과학을 통해 우울증, 불면증 등 마음의 문제를 해결하기 위한 시도는 이미 많이 진척되어 있다. 예를 들면 자기磁氣를 이용해 뇌의 활동을 국소적으로 바꾸는 반복적 경두개자기자극술rTMS 치료법이 있다. 자기를 이용해 뇌의 왼쪽 배외측 전전두피질 부위의 활동을 높이는 방식으로 치료한다.

자기를 이용한 또 다른 방법으로 뇌심부자기자극술Deep TMS을 들 수 있다. 뇌의 심층부를 자극하는 방법으로 강박신경증과 외상 후 스트레스 장애PTSD, 약물의존증 등에서 효과가 나타나고 있다.

또한 자기공명영상fMRI과 정량화 뇌파QEEG 같은 화상畵像검사로 치료 범위를 압축해 환자 상태에 맞춘 최적의 치료가 이루어지고 있다.

뇌내 정보전달물질과 수용체에 작용하는 치료약도 개발되고 있다. 우울증 치료에 효과적인 약물로 케타민Ketamine, 스코폴라민 Scopolamine, 아산화질소 등이 대두되고 있는데 이 물질은 당초 우울증 치료제로 개발된 것은 아니고, 항우울제가 작용하는 메커니즘을 뇌과학적으로 해명하는 과정에서 새롭게 발견된 것이다.

자기공명분광법MRS 기술을 사용하면 가바GABA와 글루탐산 같은 뇌내 신경전달물질을 측정하는 것도 가능하다.

인공지능AI 분야의 연구도 뇌과학과 연관이 깊다. 구글의 자회사 딥 마인드DeepMind는 인베이더 게임을 하는 인공지능을 개발하고 있는데, 현재는 컴퓨터 외장하드에 인간의 기억을 보관하는 기술을 연구하고 있다고 한다. 고령화로 늘어나는 치매 치료 역시 최첨단 기술로 대처할 수 있을지 모른다.

나의 쓸쓸한 회상을 꿰뚫기라도 한 듯 요다가 물었다.

"그게……."

한 마디로 나는 패배했다. 세계 곳곳에서 모인 일류 연구자들 사이에서 나는 별다른 연구 성과를 내지 못했다. 첨단 뇌과학연구실은 신경이 닳아 없어질 정도로 경쟁이 심했다. 어느 날, 어렵사리 신청한 연구조성금 심사에서 탈락했다는 소식을 들었고, 그 순간 나는 연구실에서 발작을 일으켰다. 눈물, 오열, 과호흡 증상이 이어져 결국 연구실에서 도망치고 말았다.

팽팽했던 긴장의 끈이 '툭' 하는 소리와 함께 끊어진 그날 이후 연구실에 나가지도 못하고 하숙방에 틀어박혀 있었다. 밥도 넘어가지 않았다. 마치 폐인이 된 것 같았다.

'그냥 일본에 돌아가는 게 낫지 않을까…….'

수도 없이 그렇게 생각했지만 절대 그럴 수는 없었다. '그럴 줄 알았다'고 빈정대는 아버지의 얼굴이 떠올랐기 때문이었다.

'그래, 절대 돌아갈 수 없어!'

이대로는 안 된다는 초조함에 나는 마지막이라는 심정으로 학교와 가까운 곳에 계신 큰아버지에게 도움을 청하기로 했다. 큰아버지는 코네티컷 뉴케이넌에서 사업을 하고 있다고 했다.

"정말 힘들 때는 큰아버지를 찾아가."

미국으로 오기 직전 어머니는 큰아버지의 이메일 주소를 적어주며 그렇게 말했다. 사실 큰아버지와는 20년 넘게 만나지 못했다. '그러나 혈육이지 않은가. 분명 큰아버지는 내 부탁을 거절하지 않을 거야.' — 나는 그렇게 멋대로 결론을 내리고는 연구에 어려움이 있다는 것과 가능하면 큰아버지의 일을 돕고 싶다고 솔직하게 메일에 적어 보냈다.

다행이 큰아버지는 '알았다'며 가게 위치가 담긴 답신을 보내주었다. 메일 끄트머리에 붙어 있던 인터넷 주소를 클릭하자 '모멘트'라는 베이글 가게의 홈페이지가 열렸다. 오랫동안 손보지 않은 낡은 디자인의 홈페이지. 왠지 안 좋은 예감이 들었지만 일단 가게로 찾아가 보기로 했다.

・ ・ ・

뉴케이넌 중심가는 전체적으로 뉴잉글랜드 특유의 역사가 느껴지는 분위기였다. 큰아버지의 베이글 가게는 빨간 벽돌 건

물이 늘어선 길가에서 조금 떨어진 한적한 귀퉁이에 있었다. 낡은 외관만으로도 어렴풋이 느낌이 왔는데, 가게 안으로 들어선 순간 예감은 확신으로 변했다.

'당장이라도 무너질 것 같아.'

아무리 내가 연구실에서만 지내 세상 돌아가는 걸 모른다고 해도 그 정도는 알 수 있었다. 가게 안에는 스태프 몇 명 외에 손님은 없고, 큰아버지 같은 남자도 보이지 않았다. 하는 수 없이 베이글 샌드위치와 커피를 주문했는데 종업원의 응대는 무뚝뚝했고, 테이블과 바닥에는 뭔지 모를 얼룩이 들러붙어 있었다. 한참을 기다린 후에 나온 베이글은 인사말로라도 맛있다고는 할 수 없을 만큼 별로였다. 커피도 미지근하고, 한마디로 다시는 오고 싶지 않을 최악의 가게였다. 이런저런 생각에 머리가 더 복잡해졌다. 순간 난데없이 어디선가 일본말이 들려왔다.

"형편없지? 네가 본 그대로야. 이러니 내가 뭘 도와줄 수 있겠니?"

깜짝 놀라 돌아보니 중년의 일본인 남성이 서 있었다. 큰아버지였다. 아주 어렴풋한 기억이기는 하지만 큰아버지는 분명 부드럽고 따뜻한 사람이었다. 게다가 우리는 20년 만에 만났다. 아무리 반갑지 않다고 해도 그 사이 성인이 된 조카에게 '많이 컸다'는 인사 한마디 정도는 해줘도 되지 않은가.

"사장인 내가 하는 말이니 틀림없어. 이 가게는 희망이 없어. 벌이도 시원치 않아서 네게 월급도 줄 수 없단다. 나쓰, 네 엄마에게 연락받았다. 일본으로 돌아가. 그녀석도 상태가 안 좋다고 하니 말이다."

'그녀석'은 큰아버지의 동생, 그러니까 내 아버지를 말하는 것이다. 어릴 때부터 나와 아버지 사이는 정말 최악이었다. 내 아버지는 교토에 있는 절의 주지스님이다. 어릴 적부터 좌선이며 힘든 수행을 시켰다. 아주 어릴 때야 그냥 시키는 대로 참고 했지만 나는 사춘기 무렵 결국 폭발하고 말았다.

"좌선, 수행…… 그런 비과학적인 것으로 어떻게 마음을 치유할 수 있겠어요!"

어쩌면 아버지에 대한 반발이 과학적인 방식으로 마음을 치유하는 뇌과학으로 나를 더욱 몰아붙였는지도 모른다.

예일 행을 결정한 직후 아버지는 암 선고를 받았다. 병원에 입원해서도 아버지는 내가 미국에 가는 것을 반대했다.

"그만둬, 너한테는 무리야."

"아버지가 어떻게 알아요!"

마음속에 있던 오랜 불만은 병든 아버지 앞에서 결국 그렇게 폭발해버렸다. 그리고 나는 작별인사도 하지 않고 그대로 미국으로 건너왔다. 아버지를 생각하면 지금도 화가 치민다. 진심으로 분했다. 그러니 더더욱 연구자로서 압도적인 성과를 거두기 전에는 일본으로 돌아갈 수 없었다. 이미 그렇게 결심했다.

"여기서 일하게 해주세요!"

나는 큰아버지에게 매달렸다.

내겐 더 이상 물러설 곳이 없었기에 아무것도 가진 게 없으면서 가게를 살려내겠노라고 큰소리를 쳤다. 완고한 성격의 큰아버지였지만 내가 한 시간 넘게 물고 늘어지자 노골적으로 졌다는 표정을 지으며 결국 두 손을 들었다.

"맘내로 해! 이런 가게…… 무슨 희망이 있다고."

· · ·

다음날 아침, 큰 아버지의 적당한 소개로 모멘트에서의 일상이 시작되었다.

"이쪽은 예일에서 뇌과학을 연구하는 조카 나쓰. 오늘부터 가게 일을 도와줄 거야."

모멘트에서 일하는 사람은 큰아버지를 포함해 전부 여섯 명이었다. 그들 모두 하나같이 문제가 있었다. 적당히 비위만 맞추는 살살이, 주의 산만에 지적을 하면 지나치게 과민반응을 보이는 반항적인 사람, 불손하고 모든 것을 남 탓으로 돌리는 사람까지. 게다가 모두들 주체성 없이 수동적이고 부정적인데다 무기력했다. 하나같이 패기라곤 찾아볼 수 없이 느릿느릿 게을렀다.

나는 그들에게 보란 듯이 가게 이곳저곳을 바쁘게 움직이며 스태프에게 거침없이 주의를 주었다. 홀에서 직접 주문도 받고 서빙을 하며 본보기를 보이려 했다. 집에 돌아와서도 잠자는 시간을 줄여가며 경영을 공부했고 실행에 옮겼다. 그러나 내가 의욕을 갖고 아무리 열심히 움직여도 스태프들은 이전보다 더욱 지친 얼굴로 꼼짝도 하려 하지 않았다. 오히려 더 게을러졌을 정도였다.

나 역시 피로와 짜증이 쌓여 일주일쯤 지난 어느 날 결국 손님 앞에서 스태프 중 한 명에게 큰소리를 치고 말았다.

다음날 스태프들은 작당이라도 한 듯 모두 일하기를 거부했다. 큰아버지에게 '저 사람을 해고하지 않는 한 일하지 않겠다'고 말한 모양이었다.

"사정이 그러니 미안하지만 네가 그만둬야겠다. 자, 일주일 치 수고비."

큰아버지는 그렇게 말하고 사라졌다.

'어떻게 일이 이렇게 되어버렸을까?'

나는 그 자리에 주저앉고 말았다. 완전히 지쳤다. 미국에 와서 몇 달째 쉬지 못했다. 아니, 일본에 있을 때도 제대로 쉰 기억이 없다. 머릿속은 늘 생각으로 차 있었다. 쉬지 않은 것이 아니라 쉬려고 해도 쉴 수 없었다.

○ ○ ○

뇌에 쌓인 피로부터 풀어라

"그래서, 성신을 차려 보니 내 연구실 앞이었다?"

요다는 얼굴을 잔뜩 구기며 웃었다. 억울하지만 그의 말대로였다. 내가 믿고 기댈 수 있는 사람은 요다 교수뿐이었다. 사실 미국에 와서 지금까지 나를 무조건 환영해준 사람은 요다 외에는 없었다.

"내가 별 도움이 못 될 것 같은데……. 보다시피 나는 뉴헤이븐의 한 귀퉁이에서 마인드풀니스에 빠져 있는 늙은이일 뿐이거든."

사실 그것이 내가 이곳에 온 이유였다. 첨단 뇌과학 연구를 그만둔 요다가 마인드풀니스 명상에 빠져 있다는 건 이미 알고 있었다. 연구실에서 명상을 하는 그를 본 적이 있다. 그래서 더욱 참을 수 없었다. 그의 모습에서 좌선 수행을 하는 아버지가 떠올랐기 때문이다. 비과학적인 세계에서 벗어나기 위해 뇌과학을 공부하러 예일까지 왔는데 그 지긋지긋한 수행을 또 지켜봐야 하다니!

하지만 지금은 다른 뾰족한 방법이 없지 않은가. 더 이상 그런 기분에 얽매일 수는 없었다. 게다가 마인드풀니스는 미국에서 엄청난 붐을 일으키고 있었다. 학교, 병원, 많은 기업들이 적극적으로 도입한다는 이야기는 아예 관심조차 가지지 않으려 애쓰던 내 귀에까지 들려왔을 정도이다. 구글, 애플, 시스코, 페이스북 등 세계적인 기업에서도 속속 마인드풀니스 명상을 도입하고 있고, 일류 경영자들이 마인드풀니스를 실천한다고 했다. 나는 그것이 궁금했다.

"마인드풀니스라면 모멘트의 패기 없는 스태프들과 큰아버지를 변화시킬 수 있지 않을까 생각했는데…… 역시 무리일까요?"

요다는 덥수룩한 머리를 긁적이며 고개를 숙였다.

너무 뻔뻔스러운가. 하긴 일방적으로 내 생각만 늘어놓고 연구실을 나가버린 주제에 이제 와서 도움을 청하는 것이니 내가 요다라도 나 같은 인간에게 도움의 손길을 내주지는 않을 것이다. 그 순간 요다가 툭 던지듯이 말했다.

"음……. 할 수 있어. 모멘트라고 했지? 확실히 바뀔 수 있어."

마인드풀니스와 비즈니스

스티브 잡스가 명상에 심취했던 것은 이미 잘 알려진 사실이다. 이 외에도 세일즈포스닷컴의 마크 베니오프, 링크드인의 제프 와이너, 홀푸드마켓의 존 매키, 트위터 창업자 에반 윌리엄스, 세계적인 보험회사 애트나의 마크 베르톨리니 등 수많은 경영자들이 마인드풀니스에 열광하고 있다.

실제로 그 효과도 성과로 드러나고 있는데 애트나의 경우 마인드풀니스 명상으로 직원들의 스트레스가 3분의 1로 감소했고, 업무 효율이 향상되었다고 한다. 마인드풀니스 외에도 어떤 형태이든 명상 도입 후 직원들의 의료비도 크게 줄었고, 1인당 생산성이 연간 3,000달러 가량 높아졌다고 한다.[2]

나는 놀란 눈으로 요다를 쳐다보았다. 내가 알고 있던 그 신통치 않은 외모의 노인이 맞나 싶을 정도로 요다의 두 눈이 빛을 내며 반짝이고 있었다. 요다는 계속해서 말을 이었다.

"그렇게 탈진한 직장일수록 마인드풀니스가 효과를 발휘하지. 마인드풀니스는 최고의 휴식법이거든."

"네? 그럼 모멘트를 살리는 데 도움을 주시는 건가요?"

나는 목소리를 높여 물었다.

"물론이지! 단, 조건이 한 가지 있어."

"조건이요?"

"그래. 물론 아주 간단한 건데 나쓰 자네도 내가 가르쳐주는 휴식법을 실천하는 거야. 내가 보기에 나쓰는 절대적으로 휴식이 필요해. 나쓰 얼굴이 어떤지 알아? 몇 년은 쉬지 못한 것처럼 보여. 그러니 나쓰부터 휴식을 취하는 거야. 어때, 나와 약속할 수 있겠어?"

나는 생각할 것도 없이 크게 고개를 끄덕였다.

"슈퍼!"

평소 입버릇과 쥐어짠 스펀지처럼 구겨진 얼굴의 스마일.

우리의 '최고의 휴식법 수업'이 시작되었다.

MINDFULNESS

02

지치지 않는
마음을 찾아서

마인드풀니스로 찾아낸 마음의 근력

마인드풀니스는 첨단 뇌과학과 정신의학이
진지하게 학문적 탐구를 하고 있는 과학적 휴식법이다.
가장 완전한 휴식을 취하려면 마음 방랑을 멈춰야 한다.
뇌가 아무런 의식 없이 공회전하는 것부터 멈추도록
스스로를 이끄는 것이 그 시작이다.

"먼저, 마인드풀니스에 대해 무얼 알고 있지?"

뉴헤이븐의 은자, 랄프 그로브 교수는 나를 가만히 쳐다보며 물었다. 나는 조금이나마 알고 있는 대로 답했다.

"서양인이 동양의 사상과 명상법을 자신들에게 맞게 바꾼 것이라고 알고 있어요. 종교성은 배제되었고, 실용성에 비중을 둔 것이고요."

나는 아는 대로 답하면서 스마트폰으로 '마인드풀니스mind-fulness'를 검색했다. 대강은 알고 있었으나, 생각해보니 정확하게 핵심은 모르고 있었기 때문이다.

찾아보니 마인드풀니스의 정의는 '평가나 판단을 더하지 않고 지금 여기의 경험에 능동적으로 주의를 기울이는 심리적인 과정'이라고 되어 있었다. 순간 머릿속이 복잡해졌다.

'대체 무슨 말이야? 이런 비과학적인 것이 왜 미국에서 유행하는 거지? 정말 모르겠어!'

역시 내게는 좌선 수행에 대한 거부감이 여전히 남아 있었다. 데이터나 논리적인 설명이 불가능한 애매한 세계와 거기에서 답을 찾으려는 마음에 혐오감을 느낀 것이다. 부정적인 생각이 가지를 뻗치려는 순간 요다가 말했다.

"으음, 그 정도면 됐어. 정의야 여러 방향으로 내릴 수 있는데 거의 비슷해. 정확하다고는 할 수 없는데 나는 마인드풀니스를 '휴식 방법'이라고 정의한다네. 마인드풀니스는 뇌와 마음을 쉬게 해주는 기술이야."

요다는 잠시 나를 보고는 다시 설명을 이었다.

"이렇게 정의를 내리면 왜 미국에서 마인드풀니스가 폭발적으로 유행하게 됐는지도 쉽게 설명할 수 있어. 대부분의 미국인은 어려서부터 성공을 숙명처럼 여기며 자라고, 자신을 채찍질하며 살아. 흔히 미국을 자유의 나라라고 하잖아. 미국인들은 그 자유를 지키기 위해 무언가를 지속해서 해야 한다고 생각하지. 아무것도 하지 않는 것은 죄라고 생각하는 문화가 있거든. 그러니 항상 성공과 목표 달성이라는 압박과 싸워야 하고, 필연적으로 경쟁을 피할 수 없어. 성공하려면 이기는 수밖에 없으니까. 힘들지 않았겠어? 한계가 찾아온 건 너무 당연한 결과인 거지."

요다는 녹차를 한 모금 마시고는 한마디 덧붙였다.

"지금까지 미국인들은 빠르게 일을 처리하고 효율적으로 돈을 버는 방법을 알기 위해 노력했을 뿐 멈춰 서는 방법에 대해서는 생각한 적이 없어. 마치 액셀러레이터는 있지만 브레이크가 없는 자동차처럼 말이야. 그런데 때마침 아주 오래전 동양

마인드풀니스의 기원과 정의

마인드풀니스는 원시불교로부터 시작되었다. 19세기 빅토리아 시대에 영국인이 스리랑카를 방문했을 때 이 개념을 알게 되어 서양에 들여왔다. 이 과정에서 종교적 의미를 벗어나 심리학적 개념으로 다양하게 정의되며 실용성이 더해졌다. 마인드풀니스의 대표적 선구자인 존 카밧진Jon Kabat-Zinn은 마인드풀니스를 '순간 순간 주위의 장에서 일어나는 생각이나 감정 및 감각을 있는 그대로 인정하고 수용하면서, 판단을 더하지 않고 현재를 중심적으로 또렷하게 알아차리는 것'이라고 말한다.

에서 유래된 마인드풀니스를 재발견하게 된 거야. 미국인들은 '이거야 말로 우리가 찾던 거다' 하며 뛰어들었고, 실제 효과가 검증되기 시작하니까 더욱 열광하게 된 거지."

○ ○ ○

아무것도 안 해도 피곤한 이유

요다가 말해준 스토리는 그럴듯했다. '마인드풀니스＝휴식법'이라는 등식을 세워보니 왜 이것이 세계적으로 유행하는지 알 것 같았다. 그리고 내게도 필요하다는 요다의 지적에 수긍이 갔다. 나는 정말이지 너무 지쳤고, 피곤했다.

"그렇기 때문에 모멘트는 마인드풀니스로 바꿀 수 있어. 모멘트 스태프들이 패기가 없다고 했지? 그런데 그 원인이 육체적 피로 때문만은 아닐 거야. 어쨌든 가게에 손님이 없어서 한가하잖아. 내가 보기엔 나쓰의 큰아버지는 물론이고 다들 뇌가 피로한 상태인 듯해. 몸을 바쁘게 움직이면 몸이 피곤하잖아. 몸이 피곤한 이유는 이렇게 단순해. 하지만 뇌가 피로해지는 원인은 좀 더 복잡하고 다양해. 더 큰 문제는 휴가를 내고 쉬는 것으로는 뇌의 피로가 해소되지 않는다는 거야. 내면이 쉬지 못하면 진정한 휴식을 취할 수 없거든."

요다는 몇 가지 이야기를 덧붙였다.

"모멘트처럼 조직 전체가 탈진하는 경우는 많아. 미국에선 더 그렇지. 그런데 '조직이 지쳐 있다'는 걸 알아차린 경영자 중 일부는 일찍부터 마인드풀니스를 기업 연수에 도입해서 효과를 얻고 있어. 사실 그 경영자들이야말로 개인적으로 커다란 성공을 이뤘지. 돈, 지식, 사회적 지위까지. 하지만 마음의 휴식은 돈으로 살 수 없다는 걸 알게 되었지. 호화로운 여행을 하고 비싼 가격의 온천 호텔에서 묵는다고 해도 치유되지 않는 무언가가 있다는 걸 알아차린 거야."

요다는 쉬지 않고 설명하더니 테이블 위의 찻잔을 들어 녹차를 마시고는 힘주어 말했다.

"그래서 세계 최고의 엘리트들이 찾은 휴식법이 바로 마인드풀니스야."

나는 조심스럽게 물었다.

"그런데 이게 정말 효과가 있을까요? 솔직히 돈 있고 할 일 없는 부자들의 시간 때우기 같아요."

솔직히 이 정도면 정말 많이 신경 써서 말한 것이다. 반신반의는커녕 전혀 믿을 수 없었기 때문이다.

"후하하하, 슈퍼! 말했잖아. 마인드풀니스는 최고의 휴식법이라고. 내가 이렇게 단언할 수 있는 건 마인드풀니스가 단순한 명상이 아니라 뇌과학으로 효과가 입증되고 있는 방법이기 때문이야. 나쓰는 관심이 없을지도 모르지만 세계 최고의 학술 저널에도 이미 관련 연구 결과들이 상당수 발표되었어."

요다는 힘주어 말했다. 나 역시 모르는 바는 아니다. 하지만 생각해보니 그런 논문을 제대로 읽은 적은 없는 게 사실이다. 요다는 틈을 주지 않고 다시 이야기를 이어갔다.

"혹시 번아웃증후군Burnout syndrome을 알고 있나? 마음이 텅진 상태에 이른 것이지. 이런 사람은 의욕을 잃고 사회에 적응할 수 없어져. 그런데 이런 사람들에게 마인드풀니스 프로그램이 도움이 된다고 해. 이미 2009년에 세계적인 저널에 발표된 연구 결과지."

내 지적 태만이 부끄러웠다. 미국 임상의학 분야 최고의 저널에 실린 논문이었는데, 그것조차 제대로 알고 있지 못했다.

"후하하하. 어떤가? 마인드풀니스는 단순한 명상을 좋아하는 사람들이 시간 때우기 식으로 하는 건 아니라네. 첨단 뇌과학과 정신의학이 진지하게 학문적 탐구를 하고 있는 과학적 휴식법이지. 휴식법이 이렇게까지 진지하게 논의된 적이 있었을까? 아마 없을 거야. 적어도 아직까지 이만큼 과학적으로 증명된 휴식법은 없다네. 나쓰는 뇌과학 연구를 목표로 하고 있으

마인드풀니스와 감정 회복력

2009년, 의사인 마이클 클라스너는 70명의 의사에게 마인드풀니스 프로그램을 실시한 결과 탈진 사인인 감정적 피로 증상이 25퍼센트 개선됐다는 연구 결과를 발표했다. 그는 프로그램 실시 후 조사 대상의 마인드풀니스 습득 정도를 측정해본 결과 20퍼센트 상승한 것으로 나타났다고 한다. 즉 감정적 피로의 개선과 마인드풀니스 습득 정도 사이에 통계적으로 유의미한 상관관계가 있다는 연구 결과였다.[1]

니 마인드풀니스도 분명 좋아하게 될 거야!"

요다는 잠시 웃어 보이고는 머리를 긁적였다. 그리곤 뭔가 생각났다는 듯 말했다.

"참, 재미있는 게 몇 가지 있는데 한 번 보겠나?"

요다는 재빠르게 태블릿을 조작하기 시작했다. 대체 얼마나 방대한 논문 리스트가 머릿속에 들어 있는 걸까. 평소의 그와 어울리지 않는 속도로 파일을 골라냈다.

"이것 봐! 마인드풀니스가 뇌에 긍정적인 변화를 일으킨다는 걸 보여주는 논문이야. 저드슨 브루어가 2011년에 발표한 거지. 10년 이상 명상 수행을 해온 사람들을 대상으로 마인드풀니스 명상을 할 때 뇌가 어떻게 반응하는지를 측정했는데, 결과가 놀라워. 전전두엽과 후방대상피질의 활동이 줄어들었다고! 나쓰도 알겠지만 이 부분은 기억과 감정, 그리고 디폴드 모드 네트워크를 관장하는 부위지. 마인드풀니스가 뇌에도 긍정적 영향을 미친다는 걸 보여주는 좋은 예야."[2]

요다는 뇌과학 연구자인 내게 모든 것을 설명하는 것은 불필요하다고 생각했는지 이야기를 멈췄다. 디폴트 모드 네트워크는 전전두엽, 후방대상피질로 이루어지는 뇌 회로인데, 특별히 집중해서 하는 일이 없을 때도 작동하는 뇌의 기초 활동이다. 뇌가 공회전하고 있는 상태라고 할까. 간단히 말해 뇌가 쉼 없이 움직이고 있다는 뜻이다.

생각해보니 나 역시 멍하니 있을 때에도 머릿속에 이런저런 잡념이 떠올랐다 사라지기를 반복했고, 그때마다 더 불안하고 우울해지곤 했다.

요다가 다시 이야기를 이었다.

"디폴트 모드 네트워크가 적정하게 활성화되면 장점도 있지만, 어쨌든 중요한 것은 디폴트 모드 네트워크가 소비하는 에너지 양이 뇌 전체가 소비하는 에너지의 60~80퍼센트를 차지한다는 점이야. 이렇게 에너지를 많이 쓰니 뇌의 피로는 여기

디폴트 모드 네트워크

인간의 뇌는 깨어 있는 시간의 30~50퍼센트 가량을 공상, 즉 마음 방랑Mind-Wandering 으로 보낸다.[3] 이른바 멍한 상태이다. 그동안 뇌는 과거의 경험을 떠올리거나, 미지의 상상을 펼치기도 하고, 한 가지 주제에 대해 이런저런 생각을 하기도 한다.

이런 상태에선 뇌의 전전두엽, 후방대상피질이 활성화된다. 이때 활성화되는 뇌 부위를 디폴트 모드 네트워크라고 한다. 디폴트 모드 네트워크가 활성화될 때 우리 뇌의 기억력이 더 좋아지고, 창의성이 발휘된다.

하지만 멍 때리기가 항상 좋은 것은 아니다. 우울하거나 답답한 상태로, 과거의 힘들고 고통스러운 기억을 떠올리거나 불안한 미래를 떠올린다면 뇌는 지나치게 에너지를 낭비하는 상태가 된다. 즉 디폴트 모드 네트워크가 과도하게 활성화되면 피로해진다.

현대 뇌과학은 이런 순간 마인드풀니스가 도움이 된다는 것을 입증해내고 있다.

텍사스테크대학교 탕이안Tang Yi-Yuan 교수 연구팀은 20~30분씩 5회의 명상만으로 스트레스 호르몬이 낮아지고 집중력, 실행 기능, 각성도 및 면역 기능이 좋아지는 것을 발견했다.

이 외에도 여러 학자들이 그 효과를 입증하는 연구 결과를 발표하고 있다.

서 비롯된다고 보여. 사실 의식적으로 작업을 해도 추가로 필요한 에너지는 5퍼센트 정도니까 낭비가 심한 거지.[4] 그러니 뇌가 정말 휴식을 잘 취하려면 디폴트 모드 네트워크를 너무 과다하게 사용하지 않아야 헤. 그리고 마인드풀니스를 익히면 뇌의 에너지 낭비를 막을 수 있지."

뇌의 공회전 중에 떠오르는 과도한 잡념이야말로 뇌 피로의 최대 요인 중 하나이고, 그 잡념을 콘트롤하는 것으로 뇌를 쉬게 하는 것이 마인드풀니스의 기본 원리라는 설명이었다.

듣고 보니 맞는 말이었다. 그냥 쉬고 싶은데 이런저런 부정적 생각이 떠올라 심사가 복잡해진 적이 한두 번이 아니었던 터였다. 그래도 여전히 의문은 가시지 않았다. 그래도 대꾸는 해야겠기에 맞장구를 치며 말했다.

"그렇군요. 가만히 있어도 뇌는 계속 움직이니까 전혀 쉬지 못할 가능성이 높네요."

"그렇지. 우울증에 경두개자기자극술이 효과적인 것도 바로 디폴트 모드 네트워크에 작용하기 때문이야.[5] 로스앤젤레스에서 클리닉을 운영하고 있는 의사가 10명의 환자에게 경두개자기자극술을 시료한 결과 권태감이 개선되었다고 하더군.[6] 이것도 디폴트 모드 네트워크와 뇌 피로가 상호 연관된다는 것을 뒷받침하는 자료이지."

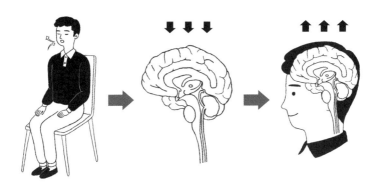

- 마인드풀니스 명상을 한다
- 디폴트 모드 네트워크를 관장하는 뇌 부위의 과잉 활동이 저하된다
- 뇌의 에너지 소비가 줄어들어 뇌가 쉴 수 있다

마인드풀니스가 뇌를 쉬게 하는 메커니즘

요다는 평소와 달리 눈을 반짝이며 쉴 새 없이 말을 이었다.

"그런데 나쓰, 혹시 우울증을 앓는 사람들에게서 가장 흔히 볼 수 있는 사고 패턴이 뭔지 알아?"

"예?"

"음, 우울증을 앓는 사람들은 흔히 '그때 그렇게 했으면 좋았을 걸' 하는 부정적인 생각을 계속하는 반추사고rumination 경향을 보인다네. 이런 사고 패턴 역시 뇌 피로의 직접적인 원인이라네.[7] 그런데 이 역시 디폴트 모드 네트워크와의 관련성이 지적되고 있어."[8]

"혼자 끙끙거리며 고민하는 사람일수록 뇌 에너지를 낭비한다는 거군요."

내가 우울증을 앓고 있는 건 아니지만 요다가 말한 내용이 모두 내 상황 같이 느껴져 사뭇만 압도되어 겨우 반응했다.

'명상과 뇌과학이라니….'

○ ○ ○

지치지 않는 긍정적인 뇌로 바꾸는 방법

"맞아! 그런데 이 정도로는 딱히 놀라운 일은 아닐 거야. '명상을 하면 마음이 차분해진다'는 건 굳이 뇌과학이 증명하지 않아도 많은 사람들이 짐작하는 거니까. 물론 그게 전부는 아니야! 그래서 마인드풀니스와 뇌과학이 흥미로운 것이지. 단적으로 말하면 마인드풀니스는 뇌내 활동에 일시적인 영향을 미치는 것이 아니라 뇌 구조 자체를 바꿔버린다네."

요다는 핵심에 닿았다는 듯 가볍게 웃고는 계속 설명했다.

"혹시 존 카밧진이란 이름을 들어봤나? 매사추세츠대학교 의과대학 교수로 기존의 인지요법에 명상을 더한 마인드풀니스 스트레스 저감법MBSR, Mindfulness-based Stress Reduction이라는 독자적인 방법을 구축한 사람이지. 마인드풀니스의 아버지로도 불린다네. 그는 마인드풀니스 스트레스 저감법을 8주 동안 실행한 결과 대뇌피질이 두꺼워졌다는 걸 밝혀냈지. 명상 이후 뇌의 기능이 향상된 거지. 노화로 인한 뇌 수축에도 효과가 있었다고 하고. 특히 기억에 관련된 뇌 부위가 강화되었다는 내용도 보고되었어. 여기에 아까 이야기한 저드슨 브루어의 연구 결과를 더해보면 마인드풀니스가 뇌의 디폴트 모드 네트워크를 조절할 수 있게 만들어준다는 걸 확인할 수 있는 거지. 이렇게 되면 이리저리 떠돌지 않는 마음, 쉽게 지치지 않는 뇌를 만들 수 있는 거고."

사실 나 역시 뇌가 쉼 없이 변화된다는 뇌가소성에 대해선 알고 있었다. 하지만 뇌가소성과 마인드풀니스가 이렇게 연관된다는 것은 처음 안 일이었다. 요다의 이야기대로라면 마인드풀니스는 인간이 스스로 자기 뇌를 자유롭게 변화시키는 데 있어 효과적인 방법이 될 수 있을 것이다. 하지만 나로서는 쉽게 믿을 수 없는 이야기였다. 명상 따위가 뇌 구조를 바꿀 수 있다는 게 말이 되는가. 나는 참을 수 없었지만 그냥 마지못해 한 마디 덧붙였다.

"음……. 갑자기 믿기는 어렵지만, 그게 사실이라면 정말 놀라운 이야기네요."

뇌가소성과의 상관관계

존 카밧진 연구팀의 2005년, 2011년 연구에 의하면 8주 동안 마인 드풀니스 스트레스 저감법을 실시한 결과 뇌 표층의 가장 진화한 부분인 대뇌피질의 두께가 두꺼워졌다고 한다.[9] 뇌 기능이 개선된 것이다. 노화가 진행되며 뇌가 수축되어 크기가 줄어드는 현상에서 도 이 방법이 효과가 있었다는 연구 결과 역시 발표되었다.[10] 존 카 밧진 연구팀은 후속 연구를 시행하였는데 그 결과 좌측 해마, 후방 대상피질, 소뇌에서 회백질의 밀도 증가를 볼 수 있었다. 즉 인간의 뇌에서 기억을 관장하는 부위가 강화되었다는 의미이다.[11]

이 외에도 미국에서는 마인드풀니스에 관한 다양한 연구가 시행되 고 있으며 관심 역시 증폭되고 있다. 마인드풀니스 관련 논문 수는 최근 15년 사이 100배 이상 늘었다. 물론 초기 논문에 대한 비판은 존재한다. 다만 지난 10년에 걸쳐 발표된 21가지 연구 결과를 메타 분석한 결과에 따르면 마인드풀니스가 디폴트 모드 네트워크 외에 도 다음 8가지 영역에서 뇌에 영향을 미쳤다는 것을 확인할 수 있다.

전두극(메타인지), 감각 영역, 섬피질(신체감각 인지)
해마(기억), 전방대상피질, 안와전두피질(자기 인식과 감정 조절)
상세로다발과 뇌량(좌우 대뇌반구의 교류)

이 부위의 부피, 밀도 등 통계적으로 유의미한 구조 변화를 관찰할 수 있었다.[12]

° ° °

피로를 사전에 막는 예방법

마인드풀니스는 뇌의 '활동'뿐 아니라 '구조'를 바꾼다. 즉 일시적으로 뇌의 피로를 풀어주는 증상 완화 요법이 아니라 피로를 미연에 막는 예방법이라는 뜻이다. 한 연구에서는 스트레스 호르몬인 코르티솔이 쉽게 분비되지 않는 상태가 관찰되었다고 한다. 그렇다면 마인드풀니스로 스트레스에 강한 뇌를 만들 수 있는 가능성이 높아졌다는 것인가?

이런저런 생각을 하는데 요다가 다시 말을 이었다.

"브루어는 뉴로 피드백Neuro-Feedback을 사용하기도 했어. 나쓰도 알겠지만 뉴로 피드백은 뇌파측정기를 활용해 뇌내 활동을 실시간으로 확인하는 것이지. 누군가 마인드풀니스로 디폴트 모드 네트워크가 과도하게 활성화되지 않는 걸 자기 눈으로 볼 수 있다면, 이 뇌파 정보를 가지고 스스로 뇌를 훈련시킬 수도 있지 않겠나? 어쩌면 멀지 않은 미래에 인간이 스스로 뇌를 조절하고, 뇌 기능을 향상시킬 수 있을지도 모르지. 가상 이상적인 상태로 말이야."

"네?"

"후하하하. 어때, 놀랍지? 그 외에도 마인드풀니스는 집중력

향상, 감정 조절, 자기 인식 변화, 면역 기능 개선에 효과적이라
는 연구 결과가 있다네."[13]

* 집중력 향상_ 한 가지에 지속적으로 의식을 기울일 수 있게
  된다.
* 감정 조절력 향상_ 스트레스 등의 자극에 감정적인 반응을
  하지 않게 된다.
* 자기 인식에 대한 변화_ 자신에게 지나치게 주의를 기울이
  는 정도 감소, 자기 통제력 향상.
* 면역 기능 개선_ 바이러스 감염에 대한 내성이 강해져 감기
  같은 질환에 쉽게 걸리지 않는다.

요다의 설명에 의하면 연구의 질에는 아직 과제가 있다고 하
는데, 범위가 넓은 연구 분야라는 것은 부정할 수 없다. 예일의
첨단 뇌과학연구소에서 이루어지는 연구와 비교해도 손색이
없는 것들도 많았다.

나는 어쩌면 '혹시 진짜 최고의 휴식법이 아닐까……' 하는
생각이 들었다. 정확히 표현할 수는 없지만 내 안에서 무언가
변화하기 시작했다는 것을 인정하지 않을 수 없었다.

그 후에도 요다의 강의는 멈추지 않았다. 마치 그전까지 지

하 연구실에 모아두었던 에너지를 폭발시키듯 방대한 연구 성과와 가설을 쏟아놓았다.

문득 시계를 보니 밤 10시가 넘었다. 개인 강의가 시작되고 8시간 가까이 지나버렸다. 생각해보니 낮부터 아무것도 먹지 못했다. 전날의 수면 부족까지 더해져 머리가 띵해졌다. 내 상태를 꿰뚫어본 듯 요다가 말했다.

"오늘은 이 정도로 하지."

이 노인은 연구 외에는 전혀 관심이 없는 것 같은데 사실은 주위의 변화에 매우 예민했다.

"아직 충분하다고는 할 수 없지만 나쓰의 직접적인 목적은 모멘트를 다시 살리는 거니까. 오늘 수업은 이 정도로 됐어. 그런데 모멘트 사람들에게는 뭐라고 사과할 거야?"

"사실은 내일, 정기휴일이에요. 그래서 하루는 생각할 여유가 있어요. 조금 더 생각해보고 교수님께 의견을 구하고 싶은데… 내일…… 다시 와도 될까요?"

나는 조심스럽게 물었다. 이전과는 입장이 역전되었다.

"후하하하, 슈퍼!"

M I N D F U L N E S S

03

지금, 여기에
집중하는 힘

과거와 미래에서 오는 불안에 대처하는 마인드 스트레칭

모든 피로와 스트레스는 과거와 미래에서 비롯된다.
지난 일에 연연하고 앞으로 일어날 일에 불안해하는 데서 시작된다.
여기에서 벗어나고 싶다면 평가나 판단을 더하지 않고
'지금, 여기'의 경험에 능동적으로 집중해야 한다.

요다의 연구실을 나와 하숙집으로 돌아온 나는 하루 동안 일어난 일들을 돌아보았다. 아침에 모멘트에 출근하자마자 스태프 전원이 파업을 선언했다. 무리도 아니다. 사장 조카라는 자가 갑자기 나타나서 소리를 지르며 가게 안을 휘젓고 다녔고 손님 앞에서 스태프에게 면박까지 주었으니 그들이 불편함을 느낀 건 당연한 일이었을 것이다.

침대에 누워 모멘트 스태프들의 얼굴을 떠올려보았다.

주방을 맡은 조리사 카를로스와 크리스. 20대 후반의 히스패닉계 미국인인 카를로스는 약간 뚱뚱한 체격에 콧수염을 길렀고 성격은 밝다. 크리스는 아시아계 백인 남성인데 짧은 머리에 안경을 낀, 언뜻 까칠해 보이는 외모였다.

홀을 맡고 있는 작은 체구의 30대 일본 여성 도모미. 그녀는 지시한 것은 차분히 해내는 얌전한 성격이다. 다른 사람이 하지 않는 일까지 그녀의 몫이 되어버려서인지 스태프들 가운데 가장 피곤해 보인다.

주로 카운터를 담당하는 40대 초반의 백인 여성 다이아나. 진한 화장에 무뚝뚝하다. 내게 면박을 당한 사람이 바로 그녀였다.

그리고 휴가 중이라 아직 만나지 못한 남자 스태프가 한 명 있다.

그들 한 명 한 명을 떠올리다 보니 내가 소리를 질렀을 때 다이아나의 얼굴이 생생해졌다.

'먼저 다이아나에게 사과해야 해.'

그렇게 생각은 했지만 나는 도무지 방법이 생각나지 않았다. 그리고선 오만가지 생각이 쏟아졌다.

'그런데 뭐라고 하지?'

'만일 상대도 안하면?'

'도저히 용서하지 않겠다고 하면 어떡해?'

'그럼 마인드풀니스를 배우는 것도 아무 소용없는 거 아냐?'

'하지만 일단 돈을 벌어야 해.'

'일본에 돌아갈 수는 없어.'

'우선은 사과하는 게 먼저야.'

'그런데 어떻게?'

눈을 감아도 이런저런 생각이 꼬리를 물어 머릿속이 복잡해졌다. 몸도 마음도 완전히 지쳤는데 무의미한 걸 알면서도 생각의 고리에서 벗어날 수 없었다.

• • •

"요령은 '허리는 바르게, 배는 편하게' 자세를 취하는 거야."

다음날, 그로브 교수 연구실에 도착하자마자 강의가 시작되었다. 어제와는 완전히 다른 형식의 실습적인 강의를 할 모양이었다.

요다는 내게 의자에 편히 앉으라고 했다. 허리를 바르게 펴고 상체는 의자 등받이에 기대지 않는다. 그때의 요령이 '허리는 바르게, 배는 편하게' 하는 것이다. 손은 허벅지 위에 둔다. 다리는 꼬지 않고 발바닥을 지면에 붙인다. 눈은 감거나 떠도 상관없다. 눈을 뜰 경우 시선은 2미터 전방을 본다.

"그게 기본자세야. 그리고 아무것도 하지 않는 것이 중요해. 그저 여기에 있는 걸 자신에게 허락하는 거야."

'이게 뭐지?'

나는 벌써 어젯밤 내가 느낀 변화에 의심이 들었다. 마인드 풀니스를 한 순간이라도 믿었던 나 자신의 순수함이 원망스럽기까지 했다.

'아무것도 하지 않는다, 그저 이곳에 있다.'

그건 결국 좌선의 '지관타좌只管打坐(아무것도 하지 않고 그저 앉아서 좌선에만 전념하는 것)'와 다를 게 없지 않은가. 생각이 파도가 되어 밀려들려는 찰나 요다가 일침을 가했다.

"나쓰, 잡념을 버려."

"……."

예전의 아버지와 똑같다! 요다는 내가 다른 생각을 하고 있는 것까지 꿰뚫어보았다. 불쾌함과 함께 고통스러운 기억이 떠올랐다.

○ ○ ○

내 호흡에 주의를 기울이기

"먼저 자신의 신체 감각에 의식을 집중해봐. 발바닥이 바닥에 닿는 감각, 손이 허벅지에 닿는 감각이 느껴질 거야. 엉덩이가 의자에 닿는 느낌도. 몸 전체가 지구에 당겨지는 중력이 느껴지지 않아?"

무얼 하는 건지 이해가 안 됐다. 요다의 말대로 발바닥, 손, 허벅지, 엉덩이에 의식을 집중하면 감각이 느껴지긴 했다. 하지만 그것도 20초쯤 지나자 의식이 흩어졌다. 요다는 내 마음을 아는지 모르는지 계속하여 나를 이끌어갔다.

"나쓰, 다음은 호흡에 집중해봐. 호흡에 관계하는 감각을 의식하는 거야. 공기가 코를 지나는 것이 느껴져? 가슴으로 공기가 들어갈수록 가슴이 불룩해지는 느낌이 들지? 배가 들어올려지는 듯한 느낌도 들 거야."

'뭐야, 이게? 심호흡을 배우러 여기까지 온 게 아니라고요!'

"이건 심호흡과는 달라."

나의 짜증을 읽은 듯 요다가 조용히 말했다.

"호흡을 조절한다거나 바꿀 필요는 없어. 좋은 호흡, 나쁜 호흡은 없거든. 자연스럽게 하면 돼. 중요한 건 내 호흡에 주의를 기울이는 거지. 호흡과 호흡 사이에 짧은 틈이 있거든. 호흡 하나하나의 깊이도 다르고, 들숨과 날숨의 온도도 다르지. 나쓰, 그런 모든 것에 호기심을 가져봐."

누구나 살아 있는 한 호흡을 하는 건 맞지만 그 패턴이 모두 똑같은 건 확실히 아니다. 이전엔 생각해본 적이 없는 사실이었다. 문득 평소 별 생각없이 하는 내 행동이 신선하게 느껴졌다. 그러나 그것도 잠깐이었다. 이내 머릿속에 이런저런 생각이 떠올랐다. 모멘트 스태프들의 얼굴, 큰아버지의 무기력한 모습, 첨단 뇌과학연구실의 경쟁자들, 가사를 걸치고 차가운 마룻바닥에 서 있는 아버지, 환자복 차림으로 병원 침대에 누워 있는 아버지…….

이번에도 요다는 나의 어지러운 마음을 놓치지 않았다.

"다른 생각이 떠오르는 것은 지극히 자연스러운 일이야. 생각이 떠오르면 '지금 생각이 떠오르는구나' 하고 알아차리기만 하면 돼. 그리고 다시 호흡에 집중하는 거지. 서두르지 말고 천천히. 호흡은 의식의 닻이야. 바람이 불고 파도가 쳐도 닻이 있으면 배가 쓸려가지 않듯이 잡념으로 마음이 요동칠 때 호흡에 집중하는 거야."

요다의 말에 따라 내 호흡에 가만히 집중해보았다. 내 숨소리만 들릴 뿐 모든 것이 정적에 감싸였다. 하지만 이번에도 역시 집중이 깨지고 말았다. 나는 조금 짜증이 났다.

"선생님! 무엇 때문에 이런 걸 하는 거죠? 적어도 몇 분 하면 되는지 정도는 가르쳐주세요. 방법은 알았으니까 다음으로 넘어가요."

"하하……. 나쓰, 1분도 견디지 못하는군. 갈 길이 멀겠는걸."

그렇게 말하는 요다의 표정은 왠지 신나 보였다.

피로는 과거와 미래에서 비롯된다

"나쓰, 어제 이야기했던 마인드풀니스의 정의, 기억해? '평가나 판단을 더하지 않고 지금 여기의 경험에 능동적으로 주의를 기울이는 것'이었는데…."

요다가 말했다.

"호흡에 집중하는 것은 지금을 의식하기 위해서야. 이것을 마인드풀니스 호흡법이라고 하지. 물론 어떻게 부르는지 용어가 중요한 것은 아냐."

"왜 '지금'이 그렇게 중요한 거죠? 저는 이번 실수를 만회하기 위해 내일 모멘트에 가서 모두에게 사과하고 가게를 살려야 해요. 주변이 정리되면 연구도 본격적으로 다시 시작할 생각이고……."

"후하하."

요다는 특유의 톤 높은 소리로 웃더니 집게손가락을 세워보였다.

"바로 그거야. 뇌의 모든 피로와 스트레스는 과거와 미래에서 비롯된다네. 지난 일에 연연하고 앞으로 일어날 일에 불안해하는 바로 거기서 시작되지. 그러면 마음이 지금에 머물지 못하거든. 그리고 그게 계속되면 마음은 피폐해지고 만다네. 우울증에 걸린 사람에게서 흔히 볼 수 있는, 지난 일을 떨쳐내지 못하고 자꾸 생각하는 상태(반추사고)가 디폴트 모드 네트워크를 극도로 활성화시킨다고 했던 거 기억해? 히스테리, 그러니까 어지러운 마음은 과거에 얽매이는 데서 시작돼. 나쓰, 과거와 미래에서 비롯되는 스트레스에서 해방되는 것이 바로 마인드풀니스의 목적이라네."

생각해보니 그랬다. 과거와 미래에 마음을 빼앗기면서 내가 살고 있는 현재, 그러니까 지금, 여기에 집중하지 못했다. 요다는 뇌를 쉬게 하고 싶으면 지금, 여기에 머무는 상태를 익혀야 하고, 그러기 위해서 마인드풀니스 호흡법을 익혀야 한다고 말한다. 하지만 그게 어디 쉬운 일인가. 요다는 내 마음을 읽었는지 나지막이 말했다.

"지금, 여기를 의식하는 뇌 상태란 말하자면 어린아이나 동물의 마음에 가까워."

그는 잠시 나를 바라보고는 계속해서 말했다.

"어린아이는 늘 눈앞의 것에 온전히 주의를 기울인다네. 아이에게는 모든 것이 신선하기 때문이지. 아이는 뭔가를 할 때 다른 것을 생각하지 않아. 마인드풀니스는 세상의 모든 것을 마치 처음 보는 것처럼 인식하는 것이지. 지금, 여기를 지속적으로 유지하는 어린아이의 마음을 되찾는 실천법이야."

신기하게도 그 말을 듣는 순간 말로 표현할 수 없는 감각을 느꼈다. 효과를 실감하려면 아직 갈 길이 멀었지만 그 순간 분명 뭔가 다른 느낌이 있었다. 생각해보면 내 머릿속은 늘 과거와 미래를 오가고 있다. 내가 의식하는 것은 '지나간 나'와 '앞으로 올지 모를 나'뿐, '지금, 여기에 있는 나'는 아니었다. 요다는 계속해서 말을 이었다.

"말하자면 이건 마음의 스트레칭이야. 한 방향으로만 관절을 쓰면 몸이 어떻게 될까? 유연하지 않은 뻣뻣한 몸이 되고 굳어버리겠지. 평소와는 다른 방향으로도 몸을 움직여서 쉽게 지치지 않고 다치지 않는 몸을 만드는 것이 스트레칭이듯 인간의 뇌도 내버려두면 현재 이외의 것으로 생각이 향하게 돼. 그래서 굳이 현재로 의식을 스트레칭해보는 거야. 이렇게 해서 쉽게 지치지 않는 마음을 만들어가는 거지."

어제 요다가 보여준 여러 가지 연구 결과들이 떠올랐다. 속는 셈 치고 한 번 계속해볼 수 있겠다는 마음이 들었던 것도 그 때문이었다. 이 정도라면 왠지 나도 할 수 있을 것 같았고, 의미도 있을 것 같았다.

사소한 습관부터 바꾸기

하지만 마음에 걸리는 것이 있었다. 바로 모멘트다. 내일 모두에게 사과한 다음 갑자기 '호흡을 의식하라'고 말할 수는 없는 노릇이었다.

나의 시큰둥한 표정을 놓치지 않은 요다가 말했다.

"모멘트 사람들에게는 갑자기 이것저것 강요해선 안 돼. 처음 일주일 정도는 가만히 두는 게 좋을지 몰라. 우선은 나쓰 자신이 하루 5분이든 10분이든 매일 호흡을 해보는 거야. 이때 같은 시간, 같은 장소에서 하는 것이 중요해. 뇌는 습관을 좋아하거든. 마인드풀니스는 짧은 기간에 효과를 볼 수 없어. 물론 5일간의 명상으로 효과가 있었다는 보고도 있지만[1] 보다 길게 해야 확실한 효과가 나타나지. 어제 이야기한 브루어의 연구 결과 기억하나? 디폴트 모드 네트워크의 변화도 10년 넘게 명상을 지속한 사람들에게서 확인된 거라네. 아무리 뇌가소성이 있다고 해도 뇌의 변화에는 지속적인 작용이 반드시 필요해. 그저 착실하게 지속하면 그 끝에는 단순한 휴식으로 끝나지 않는 커다란 열매가 기다릴 거라고 나는 생각하는데⋯⋯. 뭐, 그건 다음에 이야기하도록 하지."

역시 당장 할 수 있는 방법은 없다는 걸까. 애당초 바로 성과를 낼 수 없는 마인드풀니스에 기대한 것이 잘못일지 모른다.

그 순간 요다가 무언가 중요한 말이라는 듯 다소 힘주어 이야기했다.

"단, 내일부터 당장 할 수 있는 것이 있어. 그것도 스태프 모두가 하기에 아주 적합한 방법이 있다네. 후하하하."

· · ·

다음날, 나는 모멘트로 출근했다.

어젯밤 큰아버지에게 전화를 걸어 진심으로 사과했다. 설득에 시간이 걸릴 거라고 각오했는데 예상은 완전히 빗나갔다. 뭔가 고민하는 듯 잠시 가만히 있다가 짧게 한 마디만 하고 전화를 끊었다.

"내일, 가게로 와라."

다음날, 큰아버지를 따라서 모멘트의 준비실로 들어갔다. 창고를 겸해 쓰는 그곳에는 스태프들이 모여 있었고, 무거운 공기가 흐르고 있었다.

"다시 우리와 일하고 싶대."

큰아버지가 조용한 목소리로 말했다.

나는 머리를 숙여 다이아나와 다른 스태프들에게 사과했다. 큰아버지 말대로 다시 일하고 싶다는 것과 무리한 혁신을 강요하지 않고 당분간 지금까지의 방식에 맞춰 일하겠다고 말했다. 그들이 진심으로 나를 용서한 것은 아니지만 일단은 다시 일할 수 있게 허락을 받았다.

마지막으로 나는 이렇게 덧붙였다.

"괜찮다면 앞으로 여러분과 같이 식사를 하고 싶은데……."

요다에게 배운 것을 실천하기 위해서 용기를 냈다. 대답 대신 냉랭한 공기만 가득했다. 단숨에 거절당할 것이 뻔한 상황이었다. 다이아나가 미간을 찌푸리며 뭔가 말하려고 했다. 그 순간 큰아버지가 재빠르게 끼어들었다.

"괜찮지 않을까? 식사 정도는? 식사는 가게에서 해결하는 걸로 하지."

큰아버지가 거들고 나서다니 생각지 못한 도움이었다. 나도 그랬지만 스태프들 모두가 놀란 눈치였다. 나는 터져나오는 기쁨의 환성을 꾹 참았다.

그렇게 다들 분위기가 어수선한 순간, 등 뒤에서 준비실의 문이 열렸다.

"……!"

기뻐 들떴던 나의 마음은 단번에 땅으로 곤두박질쳤다. 문을 열고 들어온 이는 뜻밖에도 내가 아는 남자였다. 예일대학 첨단 뇌과학연구실의 연구원, 그러니까 나의 동료였던 브래드였다. 지난주까지 휴가로 쉰 아르바이트 스태프가 바로 그였다.

어색한 공기를 깨듯 브래드는 빈정거리는 표정으로 말했다.

"와우, 오랜만이야! 나쓰."

그 순간 내 마음은 예일의 연구실에서 보냈던 시간으로 돌아갔다. 브래드는 피 튀기는 경쟁이 벌어지는 연구실에서 가장 촉망받는 엘리트였고, 동시에 까탈스러운 성격으로도 유명한 이였다. 좀 더 자세히 말하면 사람들이 있는 곳에서 누군가를 심하게 비방하는 인간이다. 그리고 얼마 전까지 그 표적이 된 누군가가 바로 나였다.

브래드의 입에서 새어나오는 빈정거림은 항상 목적을 달성했다. 그의 압도적인 지성과 타의 추종을 불허하는 연구 성과는 뒤처지지 않기 위해 필사적으로 몸부림치던 내 마음을 후벼파곤 했다. 언제나 나는 그의 말에 완전히 너덜너덜해지곤 했다. 그리고 지금 이곳, 모멘트에서 또 한 번 나는 나락으로 떨어지는 기분이었다. 내 심란함을 못 본 척 브래드는 까칠하게 말했다.

"나도 모멘트 스태프로서 같이 해도 될까? 그 식사라는 거?"

나는 엉망으로 흩어진 마음을 겨우 하나로 추슬렀다.

'호흡은 의식의 닻이야'

— 요다의 말이 뇌리를 스쳤다.

호흡을 의식하자 조금은 침착해질 수 있었다.

∘ ∘ ∘

점심시간의 휴식, 식사명상

우리는 가게 문을 열기 전 테이블에 둘러앉았다. 각자의 앞에 크림치즈 베이글 샌드위치와 음료가 놓였다.

"같이 식사할 수 있어서 감사해요. 맛있게 드세요."

불편한 표정을 보이면서도 모두 식사를 시작하려고 했다.

"잠깐, 한 가지 부탁이 있어요."

나는 서둘러 말을 이었다.

"괜찮다면 식사 전에 베이글을 마치 처음 먹는 것처럼 자세히 봐주세요."

"어?"

"뭐라고요?"

"네?"

다들 어이없는지 한 마디씩 했다. 나는 차분히 설명했다.

"이건 내가 하는 연구와도 관계가 있지만 무엇보다 모멘트를 살리기 위해 필요한 거예요."

말이 끝나기 무섭게 불만이 쏟아졌다. '연구와도 관계있다'는 말에 브래드가 다시 기분 나쁘게 웃는다. 이 녀석은 대체 나를 얼마나 조롱하고 괴롭혀야 직성이 풀릴까. 다행히 큰아버지가 다시 도움의 손길을 내밀어주었다.

"뭐 어때, 그거 해준다고 우리가 잃을 게 뭐 있어. 기껏해야 일자리 정도잖아?"

대체 어떤 심경의 변화일까. 큰아버지의 썰렁한 우스갯소리에 반응하는 사람은 아무도 없었지만 모두 입을 다문 채 베이글을 응시했다.

카를로스와 도모미는 그 후에도 한동안 베이글을 쳐다봤고, 다이아나와 크리스, 브래드는 형식적인 관찰을 마치고 서둘러 베이글 샌드위치를 베어 먹기 시작했다.

"베이글의 향과 맛에도 주의를 기울여보세요. 입안에 닿는 감각, 목을 넘어가는 느낌도……."

더 이상 아무도 불만은 말하지 않았지만 내 말을 이해하는 사람은 없었다. 나도 테이블의 베이글을 쳐다보았다.

'하긴 처음 보는 것처럼 보라고 했으니 무슨 말인가 싶겠지.'

이곳 스태프들이야 매일 보는 베이글이니 '처음 보는 것처럼'이라는 말이 이상했을 것이다. 하지만 나는 요다를 믿기로 했고, 그가 가르쳐주는 대로 실천하기로 마음 먹었다. 그리고 이 방법 또한 요다가 '여럿이 하기 알맞은 방법'이라고 알려준 '식사명상'이었다.

갑자기 '호흡에 집중하라'고 하면 현대인의 대부분이 당황할 텐데 '먹는 감각에 의식을 집중'하는 것이면 거부감은 크게 낮아진다고 했다. 사실 밥을 먹으면서 그 순간에 집중해본 적이 언제였는지 기억이 나지 않았다. 요다는 한 나그네의 이야기를 비유로 들어 설명해줬다.

길 가던 나그네가 호랑이를 만나 도망치다가 절벽 끝 담쟁이덩굴에 매달리게 되었다. 위에서는 호랑이가 다가오고 있고, 절벽 아래에도 다른 호랑이가 입을 벌리고 있다. 그때 어디선가 생쥐가 나타나 담쟁이덩굴을 이빨로 갉아대기 시작했다. 궁지에 몰려 당황하던 그는 문득 절벽 경사면에 달려 있는 산딸기를 발견했다. 덩굴을 잡지 않은 손을 뻗어 산딸기를 따서 입에 넣자 그 맛은 세상의 그 어떤 과일과도 비교할 수 없을 만큼 달고 맛있었다고 한다.

아마 그 순간 다른 생각은 들지 않았을 것이다. 하지만 내가 밥을 먹으면서 그런 감각을 느껴본 적이 있었는가.

지금 내 앞에 있는 것도 어디서든 볼 수 있는 흔한 베이글이었다. 갈색의 매끈한 표면. 그런데 자세히 보니 울퉁불퉁한 곳이 많다. 집어 들고 냄새를 맡았다. 입안에 살짝 침이 고이는 것이 느껴졌다. 손으로 잡은 느낌은? 잘 모르겠다. 베이글을 입에 가져갔다. 팔 근육의 움직임은? 그래, 무언가를 먹을 때는 손을 써서 입으로 가져간다. 당연한 행동이지만 그것조차 잊어버리고 있었다는 걸 깨달았다.

베이글을 천천히 베어 물고 씹었다. 잘게 잘린 조각들이 입안에서 움직인다. 입안 점막에 닿는 감각. 침이 더욱 많아지는 느낌……. 당연히 맛도 느껴졌다. 밀가루, 치즈, 양파, 평소보다 그것들의 맛에 주의를 기울였다. 마지막으로 베이글을 삼켰다. 식도를 지날 때의 감각, 위 안으로 떨어지는 느낌.

직접 그렇게 밥 먹는 것에 집중하니 어쨌든 지금, 여기에 온전히 의식을 기울이게 되었다. 하지만 그것도 잠시 역시 내 마음은 과거와 미래를 헤매기 시작했다.

'왜? 어째서 눈앞의 베이글을 먹는 것에조차 집중하지 못하는 걸까?'

나는 이렇게 내 자신의 주의력을 통제할 수 없다는 사실을 깨달았고, 다른 무엇보다 그 사실에 더 많이 놀랐다.

뇌가 지쳐 있을 때
마인드풀니스 호흡법

'현재'를 모르면 뇌는 쉽게 지친다

주의 산만, 무기력, 짜증은 뇌가 지쳤다는 신호이다. 근본적인 원인은 의식이 늘 과거 또는 미래에만 향해 있고 '지금, 여기'에 없는 상태가 지속되기 때문이다. 현재를 의식하는 마음 연습을 하는 것으로 쉽게 지치지 않는 뇌를 만들자.

효과

스트레스 저감, 잡념 억제, 집중력·기억력 향상, 감정 조절, 면역 기능 개선

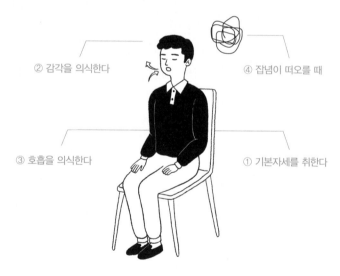

② 감각을 의식한다   ④ 잡념이 떠오를 때

③ 호흡을 의식한다   ① 기본자세를 취한다

마인드풀니스 호흡법

① 기본자세를 취한다
- 의자에 앉는다(의자 등받이에 기대지 않고 허리를 편다).
- 배는 편안히 하고, 손은 허벅지 위에 둔다. 다리는 꼬지 않는다.
- 눈은 감는다(뜨고 있을 경우 2미터 전방을 본다).

② 몸의 감각을 의식한다
- 접촉 감각(발바닥과 마루, 엉덩이와 의자, 손과 허벅지가 각각 서로 맞닿는 느낌을 의식한다).
- 몸이 지구에 당겨지는 중력의 감각을 의식한다.

③ 호흡을 의식한다
- 호흡에 관계하는 감각을 의식한다(코를 통과하는 공기, 들숨과 날숨에 따른 가슴·복부의 움직임, 호흡과 호흡의 틈, 각 호흡의 깊이, 온도 차이 등).
- 심호흡과 호흡 조절은 하지 않는다(자연스럽게 호흡이 다가오는 것을 '기다린다'는 느낌으로).
- 호흡에 '하나, 둘… 열' 하고 동작을 세분화하기 위해 말로 라벨링(이름 붙이기) 하는 것도 효과적이다.

④ 잡념이 떠오를 때
- 잡념이 떠올랐다는 사실을 알아차리고 호흡에 주의를 집중한다(호흡은 의식의 닻이다).
- 잡념이 생기는 것은 당연하므로 스스로를 자책하지 않는다.

포인트
- 하루 5분이든 10분이든 매일 지속하는 것이 중요하다.
- 같은 시간, 같은 장소에서 한다(뇌는 습관을 좋아한다).

MINDFULNESS

04

한 가지에
초점을 맞춰라

일상생활의 자동조정 모드에서 벗어나는 법

우리는 마치 자동조정 모드의 비행기처럼
별생각 없이 하는 일이 많다.
그런 순간 우리의 의식은 미래를 방황하게 된다.
일상적인 행동에 주의를 기울여 지금을 되찾아야 한다.

"슈퍼! 그렇지, 그렇지."

주말이 되자 나는 다시 요다의 연구실을 찾았다. 모멘트에서는 최대한 조심스럽게 행동했기 때문에 이전 같은 충돌은 없었지만 스태프들과의 사이에 놓여 있는 벽은 사라지지 않았다. 여전히 가게는 어둡고 나른한 공기가 흐르고 있었고 매출도 시원치 않다. 그러나 요다는 내가 모멘트에서 일주일 동안 일한 것만으로도 대단하다고 했다. 복귀조차 어려울 거라 생각한 듯 매우 기뻐했다.

나는 식사명상을 거르지 않으려고 노력했다. 그렇다고 해봤자 스태프 모두가 모여 베이글 샌드위치를 먹는 것이 고작이지만 '베이글을 잘 관찰하라', '먹는다는 감각을 의식하라'는 점은 언제나 한 번 정도 짚어준다.

"식사명상은 마인드풀니스 과제로선 비교적 초보적인 부류에 들어가는 거야."

요다는 산더미같이 쌓여 있던 논문 아래쪽에서 부스럭거리며 작은 병을 하나 꺼냈다. 안에는 건포도가 들어 있었다.

"식사명상 중 대표적인 건 건포도를 이용하는 식사명상이야. 건포도의 색깔, 모양, 냄새, 식감, 맛을 확인하면서 먹는 연습을 하지. 이걸 모멘트의 베이글 버전으로 해보는 거야."

"그런데 어째서 식사와 명상을 연결하는 거예요?"

지난주부터 품고 있던 의문이었다.

"좋은 질문이야, 슈퍼!"

요다는 입안 가득 건포도를 머금은 채 말했다.

"생각이 과거나 미래로 끌려가는 상태가 계속되면 마음이 피곤해져. 이건 지난번에 설명했었지? 여기에 더해 우리가 주의해야 할 것이 하나 더 있어."

"그게 뭔데요?"

"그건 바로 자동조종 상태야. 나쓰도 생활을 하다 보면 별 생각 없이 하는 것들이 많을 거야. 먹기, 걷기, 양치질 등등. 사실은 우리 생활의 대부분이 이렇게 별생각 없이 하는 행위로 채워져 있지. 자동조종 모드로 하늘을 나는 비행기처럼 말이야.

그럼 정작 중요한 조종사, 즉 나쓰의 의식은 과거와 미래를 방황하게 돼. 눈앞의 것에 대해 무의식적으로 움직일 때 마음은 항상 지금과 관계없는 곳에 머물게 되거든. 그렇기 때문에 자동조종에서 벗어나 마음의 방랑을 줄이기 위해서는 일상적인 행동에 주의를 기울여 지금을 되찾아야 해."

∘ ∘ ∘
멀티태스킹이 집중력에 미치는 영향

생각해보니 나는 자동조종에 완전히 익숙해져 있다. 어디 나뿐일까. 현대인들 대부분이 컴퓨터처럼 동시에 여러 일을 수행한다. 다중적인 작업, 즉 멀티태스킹의 시대라고 해도 과언이 아니다. 그런데 멀티태스킹을 하다 보면 정말 눈앞의 일에 집중하지 못하고 다른 것을 생각하거나 처리한다.

"세계의 톱 엘리트 비즈니스맨들이 마인드풀니스에 주목하는 또 하나의 이유가 여기에 있지. 방대한 양의 작업을 효율적으로 하려고 하다 보면 그 반면에 중요한 것을 잃어버린 건 아닌가 자각한 것이거든."

"아, 혹시 잃어버리는 게 집중력인가요?"

"바로 그거야!"

요다의 얼굴이 구겨지면서 웃음이 퍼졌다.

"자동조종 모드에 익숙한 인간은 집중력, 그러니까 한 곳에 주의를 기울이는 힘이 약해져. 이런 상태는 비즈니스에서 치명적인 약점으로 작용하게 마련이고."

요다는 다시 태블릿을 꺼내 논문 파일을 검색했다.

"마인드풀니스가 집중력과 주의력을 높이는 과정에 대해서도 많은 뇌과학적인 연구가 이루어졌어. 주의를 적절히 배분하는 것, 팀워크에 장벽이 되는 갈등을 처리하는 활동에 마인드풀니스가 영향을 미친다는 게 밝혀졌지. 예를 들어 한 인사과 직원들을 대상으로 한 연구가 있어. 스케줄 관리 등 여러 일을 20분 안에 처리하라는 과제를 받은 직원들 가운데 일주일에 2시간씩 5주간 마인드풀니스를 실시한 그룹은 단순한 휴식을 가진 그룹보다 훨씬 높은 집중력을 보여줬다네. 업무 하나하나에 집중도가 높아진 결과 여러 가지 일을 짧은 시간에 처리할 수 있게 된 거지."

요다의 목소리에 점점 힘이 실렸다. 눈이 반짝반짝 빛나면서 차례로 사례를 설명했다. 예전 예일에서 유일한 뇌과학자로 불린 남자의 두뇌가 빠른 속도로 회전하고 있는 게 느껴졌다.

○ ○ ○

몰입에 이르는 방법

"참, 나쓰. 미하이 칙센트미하이Mihaly Csikszentmihalyi가 주장한 몰입flow이라는 개념을 알지? 몰입과 마인드풀니스의 관련성을 지적하는 사람들도 있어. 몰입은 그야말로 몸과 마음이 편안한 상태에서 대상에 완전히 빠져들어 엄청난 집중력이 발휘되는 상태이지. 예컨대 최고의 스포츠 선수가 세계 기록을 낼 때는 극도로 집중력이 높은 상태가 되는데, 그걸 더 존The Zone이라고 불러. 그게 바로 몰입이거든. 그런데 업무 영역에서도 이런 몰입 상태가 가능해. 릴랙스와 집중이 공존하는 의식 상태이지."

요다는 신이 난 아이처럼 눈을 반짝이며 이야기를 이었다.

"저드슨 브루어는 뇌의 후방대상피질이 몰입에 관련된다고 봤다네. 지난주에 이야기한 디폴트 모드 네트워크를 관장하는 부위이지. 이 부위는 또 자기 자신에 대해 주위를 기울이는 기능도 담당하거든. '나한테 주의를 기울인다'는 건 지금 이 일을 하는 사람이 자신이라는 '자기 의식Self-awareness'을 의미하는 거야. 다시 말해 일에 온전히 빠져든 것이 아니라 스스로를 인지하는 상태. 즉 몰입의 반대편에 선 개념이지. 이렇게 되면 집중력이 당연히 떨어지고, 잡념이 파고들어서 성과도 떨어지게 마련이라네."

요다는 무언가 생각났다는 듯 손가락을 치켜올리면서 덧붙였다.

"한 가지 확실한 예가 있어! 2008년 베이징 올림픽에서 여자 육상 100미터 허들 미국 국가대표로 출전했던 로로 존스의 이야기야. 그녀는 계속 선두를 달리다가 끝에서 두 번째 허들에 걸리는 바람에 금메달을 놓쳤지. 경기 이후 인터뷰에서 그녀는 당시의 상황을 '다리를 잘 뻗자는 생각을 하고 말았다'라고 말했어. 자기의식이 고개를 들면서 몰입, 그러니까 더 존이 깨져버린 거야."[2]

"그러니까, 후방대상피질의 활동이 저하되면서 자기의식이 줄어든 상태가 몰입 상태이고, 이 때가 집중력이 높다는 말씀이군요. 그리고 마인드풀니스를 수행하면 후방대상피질의 활동이 잠잠해지니까 집중력이 향상되는 거고요."[3]

"슈퍼! 그렇지. ADHD(주의력결핍 과잉행동장애)에도 마인드풀니스가 효과적이라는 연구 결과도 있다네. 차분하지 못하고 집중력이 부족한 사람들도 마인드풀니스로 주의력을 높일 수 있다는 거지."[4]

∘ ∘ ∘

긴장을 푸는 라벨링과 걷기명상

이론적으로는 충분히 이해가 되었고, 그럴듯하게 느껴졌다. 하지만 몸과 마음이 편안한 상태를 그렇게 간단히 얻을 수 있을까? 최고의 운동선수도 늘 몰입의 경지에 이르는 것은 아니지 않은가.

나는 이런저런 생각에 또 다시 의심이 일기 시작했다. 순간, 그런 내 의심을 불식시키듯 요다가 다시 입을 열었다.

"음, 오늘은 지난번 마인드풀니스 호흡법에 라벨링 방법을 더해보도록 하지. 이 방법은 마음의 긴장을 풀어주고, 집중력을 높이는 데도 효과적이야. 어려운 건 하나도 없다네. 그저 자기 호흡에 하나, 둘, 이런 식으로 열까지 번호를 매기기만 하면 되거든. 열까지 다 세면 다시 하나로 돌아가면 돼. 호흡에 라벨링을 해주는 거지. 보통 마인드풀니스 호흡을 하다 보면 집중할 수 있는 시간이 3분 정도 될 거야."

"……!"

사실 정말 요다의 말처럼 한 3분 정도 집중하면 순간 잡념이 들곤 했었다. 요다는 이미 다 알고 있다는 듯 계속하여 이야기했다.

"나쓰, 마음이 슬금슬금 다른 곳을 헤매도 상관없어. 마음은 100번 멀어지면, 100번 다시 돌아오거든. 그저 서서히 돌아올 뿐이지. 이런저런 걱정 때문에 일이 잘 되지 않을 때는 라벨링을 해봐. 이걸 반복하면 몸과 마음이 편안한 각성 상태에 들어가기가 쉬워져. 마지막으로 하나 더……."

요다는 나를 정면으로 보며 말했다.

"걷기명상도 도움이 많이 될 거야. 이건 다른 것들보다는 조금 더 난이도가 있는데, 모멘트의 스태프들보다는 나쓰를 위한 거야."

요다가 처음 '최고의 휴식법'에 대한 강의를 해주기로 하면서 내게 약속받았던 것이 생각났다.

'나쓰가 먼저 실천하는 거야!'

"걷기명상도 자동조종 상태에서 벗어나기 위한 방법이지. 걸을 때 팔과 다리의 움직임, 발바닥이 땅에 닿는 감각을 의식하는 거야. 빠르게 걸어도, 느리게 걸어도 상관없지만 처음에는 좀 천천히 걷는 게 더 쉬울 거야. '걷는다'는 단순한 동작도 사실 다리 근육, 관절 등 신체 부위가 복잡하게 연동되어 일어나는 일이거든. 그 하나하나를 의식해보는 거지. 그렇게 의식한 뒤 각각에 라벨링을 해보면 더 좋다네. 왼쪽, 오른쪽, 올린다, 내린다 하는 식으로 나쓰의 행동에 라벨을 붙여보면 지금, 여기에 더 집중할 수 있지."

요다는 그렇게 말하곤 자리에서 일어나 나에게 함께 나가자고 손짓했다. 우리는 좁은 계단을 올라와 지하 연구실에서 나왔다. 어느 새 해가 지고 있었다. 해질녘의 캠퍼스는 정말 아름답다.

나는 요다에게 들은 대로 걷기명상을 해보았다. 명상이라기보다는 게임처럼 느껴졌다. 아주 단순하지만 내 몸을 내가 스스로 컨트롤하고 있다는 느낌이 매우 신선했다.

캠퍼스를 한 바퀴쯤 돌았을 때쯤 요다가 한마디 건넸다.

"어때, 재밌지?"

나는 깜짝 놀라 요다를 쳐다봤다. 걷기에 몰입한 나머지 그
러니까 걷기명상을 하는 동안 요다가 옆에 있는 것도 잊고 있
었던 거다.

"걷기명상은 동작명상의 일종이야. 동작명상은 일상에서의
모든 동작에 응용할 수 있지. 옷을 입을 때, 양치질할 때, 자동
차를 운전할 때…… 아무튼 일상생활에서 아무런 의식없이 하

는 일들, 그러니까 자동조종을 의식하면 되는 거야. 어떤 동작을 선택하느냐는 자유지만 가능하면 매일 정해서 하는 것이 좋아. 예를 들어 '라벨링을 하면서 양치질하기' 같은 것도 좋고, '외출할 때는 현관문을 여는 순간부터 시작이다'라고 정해두고 동작명상을 하는 것도 습관화하는 데 도움이 될 거야."

"네. 잘 될지는 모르겠지만 한 번 해볼게요."

"슈퍼! 참고로 내가 주로 하기도 하고 권하는 동작명상은 바로 이거야."

요다는 갑자기 스마트폰으로 음악을 하나 틀었다. 스피커에서 귀에 익은 피아노 전주가 흘러나왔다. '라디오 체조 음악'이었다. 요다는 씩 웃고는 시범을 보였다.

"팔을 위로 올리고 쭉쭉 상체운동부터!"

세상에, 저녁 무렵 뉴헤이븐에서 라디오 체조 음악을 듣게될 줄은 생각지도 못했다. 요다는 진지한 얼굴로 라디오 체조를 하고 있다. 주위 학생들의 시선을 의식한 나는 그와 아무 관계없는 듯 살짝 거리를 두었다.

• • •

새로운 일주일이 시작되는 날, 식사명상을 마친 후 나는 모멘트 스태프들에게 말했다.

"이미 알고 있을 텐데 준비실 한쪽에 작은 공간을 만들었어요. 명상 공간이에요. 괜찮으면 내일부터 일 시작하기 전에 같이 마음을 정돈하는 시간을 가졌으면 해요. 명상 방법은 알려드릴게요."

내 말에 반응하는 사람은 아무도 없었다. 괜한 일에 말려드는 것이 귀찮은 듯 시선을 피했다. 브래드는 노골적으로 무시하는 표정으로 나를 쳐다봤다. 첨단 뇌과학연구실에서 성과를 내지 못하더니 괴이한 방법론에 빠지기라도 했다고 생각한 걸까. 나는 애써 마음을 다잡았다.

다음날 아침, 예상은 했지만 명상 공간에는 나 이외에 아무도 없었다. 달랑 의자 하나를 가져와 앉았다. 조심스럽게 라벨링을 하며 호흡을 시작했다. 하지만 혹시 누가 와주지 않을까 신경이 쓰여 호흡에 집중할 수 없었다.

결국 아무도 참가하지 않은 채 사흘이 지났다. 아침 출근시간이 되면 스태프들이 준비실에 들어왔지만, 그들은 명상하는 나를 못 본 척 수다를 떨었다.

'어떻게 해야 하나…….'

나의 마음은 휴식은커녕 복잡하고 더욱 괴로워졌다.

'지금, 여기에 주의를 기울이는 것이 뇌를 쉬게 해준다.'

— 요다는 분명 그렇게 말했다.

'정말 그럴까.'

하고 싶은 말을 참으면서 잠자코 일을 해서인지 스트레스가 쌓여갔다.

정신을 차려보면 딴생각에 빠져 있을 때
동작명상

뇌를 지치게 만드는 '자동조종 상태'에서 벗어나기
일상적인 행동들을 무의식적으로 행하는 '자동조종 모드'로 되어 있을수록 잡념
이 떠오르기 쉽다. 이런 상태가 지속되면 주의력과 집중력이 저하된다. 이럴 때
효과적인 휴식법은 동작명상이다.

효과
집중력·주의력 개선, 몰입 상태의 실현

• 어깨를 돌리면서
  감각에 집중한다

• 팔을 위아래로 올리
  고 내리면서 감각에
  의식을 집중한다

동작명상 (선 자세/ 앉은 자세)

① 걷기명상

- 걷는 속도는 편한 대로 하되, 처음에는 천천히 걷는 것이 좋다.
- 팔다리 근육·관절의 움직임, 발바닥이 지면에 닿는 감각에 의식을 집중한다.
- '왼쪽/ 오른쪽' '올리다/ 내리다' 하는 식으로 자신의 움직임을 라벨링한다.

② 선 자세 동작명상

- 다리를 어깨 넓이로 벌리고 서서 양팔을 천천히 올린다.
- 팔 근육의 움직임, 피가 아래로 내려가는 느낌, 중력에 의식을 집중한다.
- 위로 올렸으면 이번에는 천천히 팔을 내리면서 마찬가지로 팔 근육의 움직임 등을 의식 한다(이것을 반복한다).

③ 앉은 자세 동작명상

- 의자에 앉아 어깨를 뒤에서 앞으로 천천히 돌린다.
- 근육과 관절의 움직임과 감각에 의식을 집중한다.
- 이번에는 반대로, 앞에서 뒤로 어깨를 돌리면서 주의를 집중한다.

④ 그 외의 방법

- 일상의 동작(옷을 입는 일, 양치질 등)을 의식한다.
- 운전 중에 시트와 엉덩이가 닿는 감각, 손이 핸들에 닿는 감각, 핸들을 돌리거나 브레이크를 밟을 때의 손과 발의 근육, 관절의 움직임을 의식한다.
- 매일 정해진 시간에 같은 음악에 맞춰 같은 동작의 체조를 하면서 몸의 움직임과 감각에 집중한다.

포인트 -

- '현관을 나서면 시작', '지하철역 개찰구를 통과하면 시작' 하는 식으로 동작명상을 시작하는 시점을 미리 정해두면 습관화하기 쉽다.
- 매일의 식사에 주의를 기울인다.

MINDFULNESS

05

마음의
디톡스를 위하여

수면 과학과 자비명상

자비명상으로 사람에 대한 애정, 자애, 친절,
공감, 관용, 기쁨, 감사의 마음을 키워라.
질투, 분노, 절망과 같은 부정적 감정에서 해방되어
나를 힘들게 만드는 스트레스나 불면 등에서 벗어날 수 있게 해준다.

"오, 그거 기쁜 소식인걸. 슈퍼!"

명상 참가자가 나타났다는 말에 요다는 크게 기뻐했다. 나는 애매하게 고개를 끄덕였다. 가게 문을 열기 전 명상을 시작한 지 나흘째 되던 날 아침, 처음으로 명상 공간을 찾아준 사람은 주방에서 일하는 카를로스였다.

"나쓰, 나도 조금만 해볼게요. 재미있을 것 같아서."

늘 주위를 두리번거리는 호기심 왕성한 사람이어서 재미삼아 해보려는 것 같았다.

카를로스는 어두운 분위기의 모멘트에서 그나마 가장 활력을 느끼게 해주는 이다. 좋게 말하면 분위기 메이커, 나쁘게 말하면 살살이. 때때로 장례식장처럼 분위기가 무거워지는 준비실에서도 그가 농담을 던지거나 말을 걸어주는 덕분에 조금은 답답함이 가시곤 했다. 주의가 산만하지만 사람의 기분을 잘 알아차리기 때문에 내게 신경을 써주는 것인지도 모른다. 하지만 그의 집중력은 나보다 훨씬 형편없었다. 호흡을 시작하고 1분도 견디지 못했다. 잠이 올 것 같다, 배가 고프다, 재미있는 이야기가 생각났다며 잡담을 시작했다. 내가 어이없어 하자 그제야 말을 멈추곤 해맑게 웃으며 말했다.

"맞다, 명상하는 거였지. 깜빡했네. 그런데 호흡을 어떻게 하라고요?"

모멘트에서 일어나는 실수의 대부분이 카를로스에게 원인이 있는 이유를 새삼 깨달았다. 어쨌든 그날 이후 며칠간 카를로스는 마음이 내킬 때마다 명상 공간에 와주었다. 설령 그가 반은 놀이하는 기분으로 온다고 해도, 사실 나는 그가 참가해주는 것만으로도 진심으로 기뻤다.

그로부터 며칠 후, 이번에는 도모미가 명상 공간에 나타났다. 알고 보니 그녀는 꽤 오래 전부터 취미로 요가를 해왔다고 했다.

"동양인이어서 그런지 나는 왠지 이런 세계에 친근감을 느껴요."

"아……, 네."

그녀는 이전부터 같이 명상을 해보고 싶었는데 소극적인 성격이어서 쉽게 말을 꺼내지 못한 모양이었다. 좀 의외였기 때문에 살짝 당황했던 나는, 어떻게 반응해야 할지 잘 몰라 그냥 의례적으로 짧게 답했다. 사실 난 속으로 이렇게 생각하고 있었다.

'솔직히 요가도 좌선도 정말 싫어!'

마음속으로는 그렇게 강한 불신과 저항감을 가지고 있으면서도 그걸 겉으로 드러낼 순 없었다.

· · ·

며칠 뒤 다시 요다를 연구실에서 만나 도모미의 이야기를 전했다. 요다는 조용히 고개를 끄덕이며 말했다.

"그렇지, 마인드풀니스의 기원은 동양이야. 그런 의미에서 동양은 마인드풀니스의 본가라고 해도 될 거야."

요다가 그렇게 말하는데, 애써 억누르고 있던 불신이 또 다시 고개를 쳐들었다.

동양적이라는 것, 그건 어쩌면 마인드풀니스가 과학적인 근거가 약하다는 것이 아닐까 하는 걱정이 밀려들었다. 나는 마음을 잡으려 곧바로 물었다.

"선생님, 그것보다…… 다음은 무얼 할까요? 확실한 효과가
있는 것으로 부탁드려요!"

"흐음 '확실한 효과'라……. 그런데 나쓰."

요다는 화제를 돌리려는 듯 덥수룩한 머리를 긁적이며 내게
물었다.

"밤에 잠은 잘 자?"

○ ○ ○

수면제보다 더 효과적인 것

요다만큼 관찰안觀察眼이 없어도 내 수면에 문제가 있으리란
건 어렵지 않게 읽을 수 있었을 것이다. 매일 아침 거울을 보면
눈 밑에 진한 다크서클이 드리워져 있었으니 말이다.

나는 낮에는 모멘트에서 일하고, 밤에는 늦게까지 경영 관련
공부를 했다. 게다가 언젠가 연구 생활로 돌아가야 한다는 강
박으로 아침 일찍 일어나 최신 연구 논문들을 찾아 읽고 있었
다. 그러니까 잠시도 쉬지 않고 머리를 쓰고 있는 상태였다. 쉬
려고 침대에 누워도 쉽게 잠이 오지 않았다. 새벽에 잠에서 깨
면, 가게 일 걱정으로 아침까지 뜬눈으로 지새우기도 했다. 그

우울증·불면증과 마인드풀니스

미국에서는 항우울제인 알프라졸람alprazolam 등을 사용하지 않는
다. 지속적으로 사용할 경우 의존성이 높아지는 등의 부작용이 있
다는 것은 이미 보고된 바 있다. 우울증에 대한 약물 치료는 선택적
세로토닌 재흡수억제제SSRI 정도가 일반적이고, 오히려 상담과 자
기치료, 그리고 마인드풀니스를 더한 치료를 병행한다.

수면제도 의존성이 없는, 수면 메커니즘에 맞는 것을 사용하는 추
세이다. 수면 유도 호르몬인 멜라토닌 수용체에 작용하는 라멜테온
ramelteon이나 식욕 외에 수면과 각성을 제어하는 오렉신orexin 수용
체에 작용하는 수보렉산트suvorexant 등이다. 불면증 역시 TMS 자기
치료 효과가 계속하여 보고되고 있는 상황이다. 이는 마인드풀니스
가 우울증과 불면증 치료에 효과가 있다는 뜻이기도 하다.[1]

나마 모멘트의 명상 공간에 있을 때가 내 유일한 휴식시간일
정도였다. 그나저나 요다는 이 모든 걸 다 알고 있는 것 같았다.

나는 그냥 솔직하게 그에게 말했다. 그가 정신과 의사로서
진료도 하고 있으니 적당한 약을 처방해줄 수도 있고 말이다.

"자려고 노력은 하는데 머리가 쉬어주질 않아요. 선생님, 수
면제 좀 처방해주세요."

"이런! 나쓰, 이것만은 내가 꼭 이야기해주고 싶어. 항우울제나 수면제가 언제나 좋은 건 아니거든. 사용할 땐 정말 신중을 기해야 해. 부작용, 의존성 같은 문제도 있고, 무엇보다 약을 먹지 않고도 치료할 수 있다면 그게 더 좋지 않을까?"

"……."

나는 아무런 말도 할 수가 없었다. 당황한 나를 보며 요다는 괜찮다는 듯 이야기를 이어갔다.

"사실 미국에서 마인드풀니스가 더 적극적으로 받아들여진 배경에는 항우울제 같은 약물 치료에 대한 심리적인 저항이 자리 잡고 있는 건지도 몰라. 상대적으로 더 빨리 항우울제 사용을 중단했으니 말이야."

∘ ∘ ∘

디톡스를 책임지는 숙면의 조건

"수면에 대해서도 많은 연구가 이루어지고 있어. 하버드대 수면클리닉에서는 졸음이 밀려오기 전까지는 잠자리에 들지 않는 수면제한요법, 잠자리에 드는 시간을 늦추는 것으로 수면의 질을 단계적으로 높이는 수면 스케줄법 등의 카운슬링 방법을 적극적으로 도입하고 있지. 참고로 연구를 통해 밝혀진 숙면을 위한 조건을 정리한 걸 한 번 보겠나."

요다는 태블릿에서 파일을 하나 열어서 내 앞으로 내밀었다.

숙면을 위한 조건

- 취침·기상 시간을 일정하게 유지한다.
  - → 체내 시계 리듬을 뇌에 기억시킨다.
- 카페인 등의 섭취를 피한다.
  - → 교감신경이 활성화되면 잠이 오지 않는다.
- 고민이 있을 땐 다이어리에 적은 후에 잠자리에 눕는다.
  - → 고민은 뇌를 쉬지 못하게 만든다.
- 아침에 일어나면 햇빛을 쬔다.
  - → 수면·각성 리듬을 만들기 쉽다.
- 적당한 운동을 한다.
  - → 적당한 피로는 수면에 도움이 된다.
- 장시간의 낮잠은 피한다.
  - → 밤에 수면욕구가 감소한다. 리듬이 깨진다.
- 잠자리에 들기 전 음식 섭취를 하지 않는다.
  - → 장내 소화활동은 수면을 방해한다.
- 잠자리에 누워서 TV나 스마트폰을 보지 않는다.

→ 뇌가 자는 장소가 아니라고 착각한다.

• 도중에 잠이 깨면 일단 침대에서 일어나서 자리를 옮긴다.

　　→ 침대는 '잠을 자는 곳'이라는 사실을 뇌에 기억시킨다.

• 취침을 위한 나만의 의식을 갖는다.

　　→ 뇌는 습관을 좋아한다.

• 침실을 긴장을 풀 수 있는 환경으로 만든다.

　　→ 부교감신경을 활성화시켜 수면을 촉진한다.

요다는 내가 다 살펴본 것을 확인한 뒤 설명을 이었다.

"수면은 정말 중요한 휴식 방법이지. 마인드풀니스를 제외하면 최고의 휴식이란 걸 누구도 의심하진 않을 거야. 사실 수면은 뇌의 세정洗淨 혹은 디톡스 시간이라고 볼 수 있거든. 뇌의 피로 물질을 씻어내는 시간이랄까? 그런데 마인드풀니스가 수면의 질을 높여준다는 연구 결과도 있어."

요다는 나를 한 번 다시 보고는 진지한 목소리로 물었다.

"그런데 나쓰. 나쓰가 먼저 제대로 휴식을 취하겠다는 약속, 잊지 않은 거지?"

나는 조용히 고개를 끄덕였다.

그렇다, 먼저 나 자신이 이 방법의 효과를 증명해야 한다.

숙면의 중요성

미국 로체스터대학 메디컬센터의 룰루 시Lulu Xie, 마이켄 네더가르드Maiken Nedergaard 연구팀은 과학저널 〈사이언스〉에 '수면은 성인 뇌의 대사산물을 씻어낸다*Sleep Drives Metabolite Clearance from Adult Brain*'라는 제목의 연구 논문을 발표했다.

연구팀은 잠자는 쥐의 뇌를 관찰해 뇌척수액(뇌와 척수를 순환하는 액체로 충격 등으로부터 뇌와 척수를 보호한다)의 순환이 더욱 활발해지는 것을 확인했다. 수면시 뇌 신경세포 사이의 공간이 약 60퍼센트 이상 넓어지며, 뇌척수액이 뇌의 노폐물을 처리하기 위해 뇌로 스며들어가 세포 사이에 존재하는 액체인 간질액ISF과 교환된다.

뇌의 노폐물에는 치매를 일으키는 물질로 알려진 베타 아밀로이드amyloid β와 타우tau 단백질, 그리고 축적되면 뇌 기능에 해를 끼치는 화학물질들이 포함돼 있다.[2]

다시 말해 수면은 치매와도 밀접한 연관성이 있으며, 숙면이 치매 예방에 중요한 요소가 된다는 뜻이다.

한편 스탠포드대학교 메디컬센터Stanford University Medical Center의 신경학자인 마이클 그레이셔스Michael Greicius는 치매 환자의 경우 디폴트 모드 네트워크 활동이 저하되어 있는 사실을 발견했다. 또한 그들의 디폴트 모드 네트워크와 연관된 뇌 부위에는 뇌의 노폐물인, 베타 아밀로이드가 잔뜩 쌓여 있는 것을 확인했다.[3]

○ ○ ○

부정적 감정에 휘둘리지 않기 위한 자비명상

"그런데 나쓰, 밤중에 잠이 깼을 때 무슨 생각을 해? 카를로스와 도모미도 명상에 참가해줬고 내가 보기에는 꽤 순조로워 보이는데."

요다의 말이 맞을지 모른다. 그러나 나머지 스태프들이 계속 마음에 걸렸다. 냉랭한 태도의 크리스, 다이아나, 브래드, 그리고 큰아버지.

그들은 대체 무슨 생각일까. 가게를 다시 일으키려 노력하는데 왜 도와주지 않는 걸까. 그들도 내가 마음에 들지 않겠지만 나 역시 그들이 좋은 것은 아니었다. 모멘트의 어두운 분위기를 만들어내는 네 사람의 얼굴을 떠올리면 부정적인 감정이 생겨나는 걸 나도 어쩔 수 없었다.

나는 내 마음을 숨김없이 그대로 요다에게 말했다. 요다는 잠시 무언가 생각하더니 말했다.

"그렇군. 그럼 오늘은 자비명상을 가르쳐줄게. 자비명상은 사람에 대한 애정과 자애를 키우는 방법이야. 간단히 말하면 자기 내면에 긍정적인 감정을 키우는 기술이지."

요다의 설명에 의하면 자비명상은 세 단계로 이뤄진다.

자비명상의 3단계

- 1단계 _ 마인드풀니스 호흡법을 10분간 계속한다.
- 2단계 _ 애정을 주고 싶은 사람을 떠올리고, 그때 일어나는
  신체의 감각과 감정의 변화에 주의를 기울인다.
- 3단계 _ 그 사람을 생각하며 마음속으로 다음과 같은 문장을
  외운다.
  '당신이 여러 위험들로부터 안전하기를….'
  '당신이 행복하고 마음 편히 지내기를….'
  '당신이 건강하기를….'

요다의 말은 단번에 혐오감을 불러일으켰다.

'뭐야 이거 …… 마치 종교 기도문 같잖아.'

아무리 마인드풀니스가 종교성을 배제한다고 해도 역시 그
것의 기원은 불교였다. 왜 나는 이런 걸 믿어버렸을까. 이것이
'최고의 휴식법'이라고 믿었던 내 자신이 멍청하게 느껴졌다.
이런 생각에 마음이 무거워지려던 찰나 요다가 끼어들었다.

"UCLA에서도 자비명상을 가르치는 프로그램이 시작됐어.
애정, 자애, 친절, 공감, 관용, 기쁨, 감사의 마음을 키우는 데 이
간단한 방법이 도움이 된다는 걸 알았거든. 뇌과학 연구를 통
해서도 자비명상이 후방대상피질의 활동을 즉각적으로 저하시

킨다는 것이 밝혀졌지. 긍정적인 감정은 비즈니스는 물론이고, 인간관계나 교육, 정치, 외교, 스포츠 등에서 생산적인 작용을 해. 무엇보다 질투, 분노, 절망 같은 부정적인 감정을 없애줘서 불면과 스트레스를 개선시키지. 그러니 나쓰, 모멘트 스태프들을 떠올리면서 자비명상을 해보는 것은 어떨까?"

요다의 말을 완전히 신뢰할 순 없었지만, 그래도 과학적인 연구가 이뤄지고 있다고 하니 나는 속는 셈 치고 일단 한 번 실천해보기로 마음을 먹었다. 뇌가소성이 있으니 어떤 식으로든 뇌의 활동에 영향을 주는 행동을 계속하면 내게 변화가 일어날 수도 있겠다는 마음이었다. 사실 무엇보다 더 이상 부정적인 감정에 휘둘리기 싫었다. 내일부터 마인드풀니스 호흡법 후에 자비명상을 실천해보기로 마음을 다잡았다.

"그렇게 해볼게요."

"그런데 나쓰."

갑자기 생각난 듯 요다가 말했다.

"모멘트의 화장실은 깨끗해? 특히 종업원용 화장실."

· · ·

월요일 아침 나는 평소보다 조금 더 일찍 출근해 모멘트의 화장실로 향했다. 요다의 예상대로 모멘트의 직원용 화장실은 아주 더러웠다. 요다는 마음과 뇌의 피로는 타인에 대한 배려가 없어지는 형태로 나타나며, 배려가 없는 직장은 가장 먼저 화장실이 더러워진다고 설명했다.

'역시….'

나는 우선 화장실 청소를 해보기로 했다. 여자화장실 청소를 마치고, 남자화장실 청소를 막 시작하려던 때 등 뒤에서 볼멘 목소리가 들려왔다.

"나쓰, 미리 말해두는데 당신이 하는 명상이란 거, 나는 딱 질색이야."

크리스였다. 그냥 멀뚱히 쳐다보는 나를 향해 크리스는 주절주절 말을 이었다.

"보다시피 나는 백인과 아시아인 혼혈이야. 미국에서 사는데 동양적인 것은 짐이 될 뿐 전혀 도움이 안 돼. 화장실 청소도 명상의 일환이지? 정말 눈에 거슬려."

크리스는 정말 싫은 듯한 표정을 지었다.

"크리스, 나는 무의미하다고 생각하지 않아요. 같이 주방에 있으니까 요즘 카를로스가 많이 변했다는 걸 당신도 알겠죠?"

카를로스는 누가 봐도 알 수 있을 만큼 눈에 띄게 달라졌다. 원래 실수가 많았는데 최근에는 이전 같은 엄청난 실수는 크게 줄었다. 지난번에는 오히려 그가 크리스의 실수를 지적했을 정도였다. 분명 집중력이 확실히 높아졌다.

그런데 크리스는 아무래도 그런 카를로스의 변화가 마음에 들지 않는 것 같았다. 크리스는 내가 카를로스를 언급한 순간 노골적으로 얼굴을 찌푸렸다. 순간 나는 크리스의 성격을 떠올렸다. 평소엔 과묵하지만 주위의 비판에 상당히 신경질적인 반응을 보인다. 나는 내 말이 과했다는 걸 인지하고 반성했다.

"그런데 아버지가 동양인이에요? 아니면 어머니?"

화제를 바꿔야겠다는 생각에 갑자기 떠오른 궁금증을 그에게 물었다.

"아버지. 정말 무서운 양반이었지. 어릴 적엔 아버지한테 맞은 기억밖에 없어. 무슨 일만 있으면 늘 인내, 참을성만 강요했거든."

건드리지 말아야 할 곳을 찌른 것 같아 당황했지만 덕분에 그를 조금은 이해할 수 있었다. 나는 숨기고 싶었던 우리 가족 이야기를 그에게 솔직하게 털어놨다.

"크리스, 우리 아버지도 당신 아버지 못지 않아요. 스님이거든요. 사실은 나도 좌선 같은 거 아주 넌더리가 나요. 아버지하고도 늘 언쟁만 벌였고……."

"뭐? 그런데 왜 명상을 하는 거야?"

내뱉듯이 던진 그의 말투에서 조금 전의 까칠함이 사라졌다. 예상 밖의 공통점을 발견한 우리는 잠시 각자의 아버지에 대해 이야기를 나눴다. 평소와는 비교도 할 수 없을 정도로 말수가 많아진 크리스는 아버지에 대한 불만과 동양적인 감성에 대한 혐오감을 담담하게 털어놓았다. 나는 그의 말에 전적으로 동의했고, 그런 내가 왜 마인드풀니스 전도사 역할을 하게 되었는지 자초지종을 설명했다.

"으음, 아이러니하군. 하필 스님의 아들이 예일까지 와서 명상을 배우다니……."

생각 탓인지 크리스의 표정이 상당히 부드러워진 것 같았다.

타인에 대한 부정적인 감정이 들 때
자비명상

뇌 피로를 해소하는 긍정적인 감정 키우기

누구에게나 '도저히 좋아할 수 없는 사람'이 있다. 실제로 스트레스의 대부분은
인간관계에서 생겨난다. 혐오, 질투, 분노 같은 부정적인 감정을 줄이고, 타인에
대한 애정, 자비를 내면에 키워 뇌에 쉽게 피로가 쌓이지 않는 상태를 만들자.

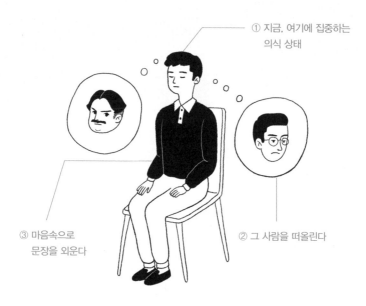

① 지금, 여기에 집중하는
의식 상태

③ 마음속으로
문장을 외운다

② 그 사람을 떠올린다

자비명상(메따 명상)

효과

타인에 대한 부정적인 감정 억제, 긍정적인 감정 육성

① 지금, 여기에 집중하는 의식 상태

- 일반적인 마인드풀니스 명상을 10분간 지속한다.
- 부정적인 감정에서 '지금, 여기'로 주의를 환기한다.

② 그 사람을 떠올린다

- 스트레스의 원인이 되는 사람을 생각한다.
- 심신의 변화를 의식한다(몸의 긴장, 마음의 움직임 등).

③ 마음속으로 문장을 외운다

- 당신이 많은 위험으로부터 안전하기를….
- 당신이 행복하고 마음의 평온을 얻기를….
- 당신이 건강하기를….

포인트

- UCLA에서도 자비명상 프로그램을 도입했다.
- 자비명상은 뇌 피로의 원인(디폴트 모드 네트워크의 과도한 활성화)을 억제한다.

M I N D F U L N E S S

06

스트레스에
무너지지 않는 힘

이성과 감성의 조화로 마음 컨트롤하기

마인드풀니스는 이성으로 스트레스를 억제하는 것이 아니라
이성과 감성이 조화를 이루는 뇌 상태를 만드는 것이다.
동시에 최고의 휴식은 수면, 운동, 식사 등
모든 요소가 함께 어우러져야 한다.

"후하하하, 슈퍼! 나쓰."

그날 이후로 크리스가 명상 공간에 나온 건 아니다. 그러나 그에게서 이전 같은 적의는 느껴지지 않았고, 나 역시 그에 대한 나쁜 감정이 사그라들었다. 게다가 자비명상의 효과 덕분인지 밤중에 잠이 깨는 일도 줄었다.

나는 마인드풀니스를 시작한 이후에 나와 모멘트에서 일어난 이런저런 변화를 요다에게 전했다. 그 이야기를 들은 요다는 특유의 기묘한 소리로 웃으며 기뻐했다.

"무엇보다 카를로스의 변화가 놀라운데! 보통 마인드풀니스를 경험하는 과정은 크게 세 단계로 나눠지. 처음은 지금, 여기에 주의를 집중하기 위해 애쓰는 단계, 중기는 잡념이 떠오르는 것을 알아차려서 지금, 여기로 다시 집중하는 단계야. 마지막 단계는 노력하지 않아도 항상 마음이 지금, 여기에 있는 상태이고. 그런데 카를로스는 아마도 중기에 접어든 것 같군.”

요다의 반응을 보니 뭔가 일이 제대로 흘러가고 있는 것 같았다. 하지만 여전히 내 안의 불안은 가시지 않았다.

“선생님, 확실히 이전에 비하면 개선은 됐지만 정말 이걸로 된 건가요? 갑자기 불안해지는 걸 저도 어쩔 수 없어서요……”

요다는 고개를 끄덕이며 말했다.

“나쓰도 이대로 명상을 계속할 텐데 마인드풀니스는 불안 같은 뇌의 스트레스 반응에도 효과가 있어. 몇몇 연구에서도 3개월 이상 마인드풀니스 명상을 한 사람들의 경우 전두엽과 편도체의 평등하고 건설적인 관계가 형성된다는 것이 밝혀졌지.”

“평등하고 건설적인 관계요?”

나는 고개를 갸웃거리며 물었다.

전두엽은 인간의 이성, 편도체는 공포의 대상 등으로부터 자신을 지키기 위해 활동하는 감정 혹은 본능이라고 설명할 수 있다. 그런데 그 두 부위가 평등한 관계라는 건 도대체 무슨 의미일까. 혼자 그런 생각을 하고 있는데 요다가 설명했다.

“나쓰는 뇌의 스트레스 반응 원리를 잘 알 거야. 불안이나 패닉 발작 같은……”

요다의 말에 움찔했다. 예전 내가 첨단 뇌과학연구실에서 패닉 발작을 일으킨 것을 알고 있는 걸까. 아니, 일부러 그에게 그런 일을 보고할 사람은 없다. 분명 모를 것이다. 나는 마음을 가다듬으며 조심스레 대답했다.

"네……. 공포나 외부 위협 등 스트레스 자극이 강하면 편도체가 과잉으로 활동하고, 그걸 전전두엽이 제어하지 못하면 교감신경을 자극해 신체 증상으로 나타나죠. 과호흡이나 심장박동이 빨라지는 것 같은 증상이요."

담담하게 말했지만 예전의 기억이 또 다시 떠올라 마음이 요동쳤다. 과호흡 증상으로 힘들었던 그때의 기억은 여전히 너무 생생했다. 요다는 나의 동요를 눈치 못 챈 듯 고개를 끄덕였다.

"그렇지. 그런데 패닉 발작 같은 스트레스 반응은 불안과 관계가 있어. 그리고 마인드풀니스가 이 불안을 완화시켜주지. 위험을 인지, 그러니까 스트레스를 받은 상황에서 활성화된 편도체를 진정시켜주는 데 영향을 미치거든. 결국은 지속적인 마인드풀니스가 전전두엽이 제 기능을 하도록 도와주는 거지. 뇌영상 연구를 통해서 이미 밝혀진 사실이라네."

"그렇군요."

요다는 치료에 대해서도 다양한 접근이 이루어지고 있다는 것도 설명해주었다. 마인드풀니스가 불안 억제에 효과적인 것

스트레스와 편도체의 기능

편도체는 좌뇌와 우뇌에 하나씩 위치한 뇌 부위로 주로 위험을 인지한다. 편도체가 흥분되면 자율신경계의 교감신경을 활성화시켜 몸 전체를 순식간에 긴장하게 만든다. 이 순간 인간의 뇌는 오로지 생존에만 초점을 맞추어 나 이외의 모든 존재를 위협적인 대상으로 인식하며, 이성적·합리적 판단을 하지 못하게 된다. 편도체가 활성화되면 대뇌피질이나 전두엽 등이 관장하는 이성적 사고 처리를 거치지 않고 자동반응 상태로 살아가게 된다. 즉 편도체가 활성화되면 습관적 반응만 일어난다.

스트레스는 이 편도체 활동을 과잉 상태로 만들어 신경계의 균형을 깨트리고 마는데 이때 균형을 다시 잡아주는 것이 전두엽이다. 위험의 정도 등을 이성적으로 판단하게 하도록 작용해 교감신경을 진정시킨다.

은 확실한 것 같았다. 하지만 지금 당장 일어나는 패닉 발작에도 효과가 있다고 확언할 수는 없는 것 같았다. 나는 화제를 바꾸고 싶어 요다의 말을 끊으며 말했다.

"그러고 보니 선생님……. 오늘 여기 오는 길에 다이아나를 봤어요. 쉬는 날 모멘트 스태프를 만난 건 처음이에요. 그런데 그녀가 항상 피곤하고 예민했던 이유를 조금 알 것 같아요."

"오호, 그래?"

눈을 크게 뜨며 요다는 관심을 보였다.

다이아나를 보기는 했지만 대화를 나눈 것은 아니었다. 다이아나는 딸인 듯한 10대 초반의 여자아이와 함께였다. 두 사람은 길 한복판에서 큰소리로 언쟁을 벌이고 있었다. 언뜻 봐도 상대하기 어려운 나이의 소녀. 나 역시 그맘때쯤 아버지에 대한 반항심이 싹텄었다.

절규하다시피 소리치는 딸에게 뭐라 말하던 다이아나가 순간 나를 본 것 같았다. 그녀는 당황한 얼굴로 딸에게 짧게 뭐라고 말하고는 아이의 팔을 끌고 가버렸다.

∘ ∘ ∘
몸을 이완시켜주는 브리딩 스페이스

"다이아나는 사춘기 딸 때문에 상당한 스트레스를 받고 있는 모양이군. 다이아나가 늘 예민하다고 했었지? 나쓰가 그렇게 느끼는 것은 스트레스가 그녀의 몸에 그대로 나타나기 때문일 거야. 스트레스를 받으면 신체는 긴장하지. 마인드풀니스는 그런 긴장을 완화시키는 데 도움이 돼. 당장 다이아나에게 변화를 가져다줄 수 있을지는 모르지만 오늘은 우선 나쓰에게 먼저 스트레스로 긴장한 신체를 이완시켜주는 방법을 알려주지.”

요다는 한층 밝은 목소리로 나를 향해 계속 이야기했다.

“브리딩 스페이스breathing space라는 방법인데, 일종의 단순한 명상이라고 할 수 있지. 나쓰부터 시험해보자고.”

요다는 의자를 앞으로 끌고 오더니 내게 앉으라고 눈짓했다. 마인드풀니스를 시작한 지 한달 반이 된 덕분일까. 어느새 스스럼없이 허리를 펴고 배는 편하게 자세를 잡았다. 자연스럽게 의식이 호흡으로 모아지면서 내 몸이 명상 준비를 시작했다.

“슈퍼! 나쓰, 요령을 파악했군! 굉장히 빠른데!”

요다의 신이 난 목소리에 순간 의식이 흐트러졌다. 하지만 이내 의식을 다시 집중하기 시작했다. 사실 처음엔 인지하지 못했지만 마인드풀니스의 기본자세는 어릴 적 아버지가 내게 주입한 좌선과 공통점이 있다. 내가 다른 사람보다 좀 더 빨리 이 기본자세를 익힐 수 있었던 건 그 때문일 것이다. 요다는 다시 천천히 이야기를 이어갔다.

“자, 지금부터 총 세 단계야. 처음에는 스트레스를 받았을 때의 기분을 알아차리는 거야. 뭔가 안 좋은 일이 생겼을 때, 불쾌한 일이 떠올랐을 때 내 마음이 어떻게 반응하고 신체의 감각은 어떻게 변화하는지를 관찰하는 거지. 스트레스의 원인을 마음속으로 하나의 문장으로 만들어보면 반응을 좀 더 알아차리기 쉬울 거야."

요다의 목소리가 공명이 되어 흩어졌다. 사실 나는 알고 있었다. 내 스트레스의 원인. 그건 의심할 여지없이 연구가 생각대로 되지 않기 때문이었다. 많은 사람을 치유해줄 수 있도록 뇌과학을 연구하기 위해 예일까지 왔는데 괴이한 노인에게 마인드풀니스를 배우며 망하기 직전의 베이글 가게 일을 돕고 있다. 그 답답함과 초조함이 항상 머리에서 떠나지 않았다. 어쨌든 나는 요다가 시키는 대로 마음속으로 조그맣게 읊조렸다.

'나는 연구가 생각대로 안 되어 초조하다.'

슬금슬금 불쾌감이 밀려오며 동시에 배 언저리가 뻣뻣해지는 느낌이 들었다. 스트레스가 신체의 긴장으로 이어진다는 것을 스스로 너무 명확하게 느낀 순간이었다.

바로 그때 요다가 다음 단계로 인도했다.

"다음 단계는 하던 그대로 호흡을 의식하면 돼. 하나, 둘, 셋 하고 라벨링을 해도 좋아. 호흡은 자신을 지금, 여기로 불러오는 닻이야."

연구 실패, 미래에 대한 불안으로 향했던 의식이 내 호흡으로 집중되면서 몸의 긴장이 서서히 풀어지는 것이 느껴졌다.

"마지막 단계, 이게 브리딩 스페이스의 포인트지. 이제 의식을 호흡에서 몸 전체로 확장해보는 거야. 몸 전체가 호흡한다고 상상하면 돼. 혹 두 번째 단계에서 긴장된 부위가 있으면 숨을 내쉴 때 그곳에 공기를 불어넣는다는 상상을 해도 좋아. 호흡과 함께 긴장이 풀리고, 열리는 느낌이 들도록 말일세."

나는 요다의 비과학적인 표현에 위화감을 느끼기도 했지만 그의 말대로 천천히 호흡의 닻을 내리고 온몸으로 호흡이 퍼져나가는 걸 느껴보려 했다. 정말 신기한 경험이었다. 마음과 몸의 긴장이 풀리는 느낌…… . 나를 둘러싼 환경이 바뀐 것은 아니지만 그것을 받아들이는 방식이 달라졌다고 할까.

"마인드풀니스는 뇌를 바꾸는 이상으로 스트레스에 대한 인식 자체도 바꿔버리지."

요다는 조용히 말했다.

"이성으로 스트레스를 억제하는 것이 아니라 이성과 감성이 조화를 이루는 뇌 상태를 만드는 거야. 물론 뇌의 구조나 기능에 변화를 가져오는 상세한 메커니즘은 아직 완전히 밝혀진 건 아니지만 마인드풀니스가 뇌를 자극해 스트레스를 완화시켜준다는 건 분명한 사실이야."

몇 가지 설명을 덧붙이며 요다의 눈빛이 다시 예리하게 빛났다. 목소리에도 한층 힘이 들어가서 평소의 나풀거리는 말투가

스트레스 반응과 편도체

마인드풀니스가 뇌의 변화에 어떤 방식으로 영향을 미치는지에 대해서는 아직 정확하게 밝혀지지 않았다. 신경세포를 성장시키고 새로 만들어내는지, 자율신경과 면역 기능을 개선하고 신경세포의 유지와 재생을 촉진하거나 사멸을 막는 건지 등이 아직 밝혀지지 않았다는 뜻이다. 향후 신경세포의 생존, 발생, 기능의 열쇠를 쥐고 있는 신경영양인자BDNF 측정이 이루어지면 밝혀질 것이다.

다만 마인드풀니스가 뇌내 회백질 양의 변화를 일으킨다는 연구 결과는 이미 보고된 바 있다.

2011년 미국 매사추세츠 종합병원의 브리타 홀젤Britta Holzel 박사 연구팀은 마인드풀니스가 각성, 감정이입, 자기감sense of self 등과 연관된 뇌 부위의 회색질 밀도에 변화를 일으킨다는 사실을 밝혀냈다.

홀젤 박사 연구팀은 실험 참가자들에게 8주간의 마인드풀니스 스트레스 저감법 프로그램을 수행하도록 하고, 참가 전과 프로그램이 끝난 후 각각 자기공명영상으로 뇌를 관찰했다. 그 결과 학습 – 기억 중추인 해마와 동정 – 자기인식과 관련된 부위의 회색질 밀도가 증가한 것을 확인했다. 반면 불안 – 스트레스를 관장하는 편도체의 회백질 밀도는 감소한 것으로 나타났다. 즉 마인드풀니스를 통해 스트레스 반응을 조장하는 편도체의 작용이 약해졌다는 뜻이다.[1]

아니었다.

"다이아나에 대해 생각난 게 있어요. 마인드풀니스는 마음의 피로를 치유하는 방법이잖아요. 그런데 다이아니를 보면 실세로 몸도 굉장히 지쳐 있어요. 마음과 몸은 어떤 관계죠?"

○ ○ ○

피로는 '피로감'이라는 뇌 현상

"슈퍼! 좋은 질문이야."

요다는 만면에 미소를 지으며 대답했다.

"육체적인 피로는 여러 형태로 나타나지. 짜증, 의욕 상실, 집중력 저하, 무기력, 건망증, 졸음 등등. 예컨대 보통 때는 부딪치지 않는 책상 모서리 같은 데 부딪치는 것도 피로가 쌓였다는 신호로 볼 수 있다네."

요다가 든 몇 가지 예는 모두 내 이야기 같았다. 요다는 계속 설명을 이었다.

"피로에 대한 뇌과학적 자료가 많은 건 아니야. 하지만 운동, 요가, TMS 자기치료, 약물 치료가 효과적이고 여기에 더해 마인드풀니스와 인지행동요법도 효과가 있다는 건 밝혀졌지. 인지행동요법은 말 그대로 상담을 통해 피로에 대한 인식을 바꾸는 건데, 피로에 유연하게 대처할 수 있는 기술을 배우는 거지."

요다는 한 번 웃어 보이고는 좀 더 힘주어 이야기했다.

"그런데 여기서 중요한 것은 육체적인 피로가 단순히 근육 등 물리적인 소모뿐 아니라 '피로감'이라는 뇌 현상으로 인식된

육체적 피로의 완화

2015년, 베스 스미스 박사 연구팀은 극심한 피로감이 동반하는 만성피로증후군 환자를 대상으로 한 메타 분석을 통해 상담이 운동처방과 비슷한 수준의 효과를 나타낸다는 결과를 발표했다.[2] 또한 아론 텐들러Aron Tendler 박사 연구팀 외의 여러 연구자들이 극심한 피로감을 동반하는 섬유근통증후군(근육, 관절, 인대 등에 발생하는 만성적인 통증)과 다발성경화증(중추신경계에 발생하는 만성 염증성 질환)에도 우울증과 마찬가지로 좌측 전두엽의 TMS 자기치료가 효과적이었다는 연구 결과를 내놓았다.[3] 2014년 로버트 심프슨 연구팀이 내놓은 메타 분석 결과에서는 마인드풀니스가 다발성경화증 환자의 피로감을 개선한 사례가 소개되었다.[4]

다는 사실이야. 그렇기에 육체의 피로 역시 치료의 주요 대상은 뇌야. 마인드풀니스와 TMS 자기치료를 받은 사람들은 가장 먼저 '머리가 개운하다'고 입을 모으는데 그 역시 흥미로운 지점이지. 결국 육체적 피로에도 마인드풀니스가 효과적으로 작용해."

"그렇군요. 결국 뇌와 마음의 문제네요."

나는 고개를 끄덕이며 말했다. 순간 요다가 오른손을 가볍게 들어보였다.

"아니. 모든 게 그런 건 아니지. 인지를 바꾸는 게 전부가 아니거든. 수면, 운동, 식사 등 모든 요소가 휴식의 기반이 된다는 걸 기억해야 해."

○ ○ ○

몸과 마음을 회복시키는 식사법

"요즘에는 미간에 주름이 안 보이네?"

아침 일찍 나와 모멘트의 직원용 화장실을 청소하는데 누군가 등뒤에서 말을 걸었다. 고개를 돌려보니 다이아나였다.

지난 주말, 길거리에서 다이아나 모녀의 말다툼을 목격해서

인지 그녀와 마주 서 있는 것이 왠지 어색했다. 아마 그녀 역시 마찬가지일 것이다. 그녀가 내게 먼저 말을 건 것 역시 그래서 일 것이다. 말투는 여전히 쌀쌀맞았지만 어쨌든 모멘트에서 일을 시작한 후로 그녀가 내게 먼저 말을 건 건 처음이었다. 내가 이래저래 당황한 듯하니 다이아나가 재빨리 말을 이었다.

"나쓰, 얼마 전까지만 해도 늘 미간을 찌푸리고 다녔잖아."

"네? 내가 그랬어요? 난 몰랐어요."

정말 몰랐다. 내가 인상을 쓰고 다닌다곤 상상도 하지 못한 일이었다. 인상이 편안해졌다니 이 역시 내가 매일 명상을 한 효과인가 하는 생각이 들었다.

"우리 딸도 늘 그래……. 주말에 나랑 같이 있었던 그 아이. 지금 열세 살인데 뭐가 불만인지 늘 얼굴을 찌푸리고 말을 안 해. 조금만 제 기분에 거슬리면 대들고. 어떻게 해야 할지 난감하다니까. 아버지가 없어서 더 그래……."

처음 듣는 이야기였다. 다이아나가 싱글맘이라는 사실은 전혀 몰랐던 일이었다. 그녀는 이혼을 후회하지는 않지만 아이 아버지가 양육비를 제대로 주지 않아 생활이 어렵다고 했다.

"걱정 말아. 여기 월급에 불평하는 것은 아냐. 이곳 일 말고도 아르바이트를 하는데 그래서 몸이 너무 힘들어. 집에 가면 그날 본 것처럼 딸과 신경전을 벌이고……. 어머, 괜한 말을 했네. 방해해서 미안해."

　내가 별달리 묻지도 않았는데 다이아나는 자신도 모르게 신세한탄을 했다. 딸과의 언쟁을 내가 목격한 게 계기가 되었을 뿐 그녀는 아마 누군가에게 속마음을 털어놓고 싶었을 것이다. 요다 교수가 이야기한 대로 그녀는 스트레스가 많이 쌓여 있는 듯했다. 그녀가 왜 그토록 무뚝뚝하고 자주 짜증을 냈는지 그제야 좀 알 것 같았다. 그녀처럼 바쁘게 생활하면 몸도 마음도 피폐해질 수밖에 없지 않은가.

　나는 그대로 돌아서려는 다이아나를 불러세웠다.

　"다이아나, 사실은…… 제대로 사과하고 싶었어요. 손님 앞에서 큰소리 내서 미안했어요. 나도 이런저런 안 좋은 일들을 겪다 보니 마음에 여유가 없었어요. 물론 그게 변명이 될 수는 없지만 아무것도 모르고 그만……."

　"괜찮아, 더 이상 신경 쓰지 않으니까. 그때 일은 내게도 잘못이 있고."

　다이아나는 얼굴의 힘을 빼고 살며시 미소를 지어 보였다. 그녀의 웃는 얼굴은 처음이었다. 짙은 화장에 심기가 불편한 표정일 때는 몰랐는데 그녀가 상당한 미인이라는 걸 새삼스레 처음 알아차렸다.

"식사에도 방법이 다양하잖아요. 채식주의, 곡류 중심, 몸의 산성도를 낮추는 방법 등. 지중해식 식사법이 스트레스와 심장에 좋다는 자료도 있어요.[5] 단, 여전히 논쟁적인 내용도 있어서 주의는 필요해요."

나는 아무도 없는 준비실에서 다이아나에게 식사명상에 관한 정보를 설명해주었다. 사실 그녀에게 이런 이야기를 하게 된 건 다이아나의 한 마디 때문이었다.

그녀는 이런저런 이야기 끝에 내게 '나쓰가 카를로스하고 하는 명상, 그거 마인드풀니스지?'라고 물었다. 그녀는 이전부터 마인드풀니스에 흥미가 있어서 개인적으로 다양한 정보를 수집했다고 했다.

나는 그녀의 말에 기분이 좋아졌다. 또 한 명의 동지를 얻은 기분이었다고 할까. 우선 요다에게 들은 내용을 토대로 스트레스와 피로로 힘들어하는 다이아나에게 도움이 될 만한 정보를 소개했다.

"지중해식 식사법?"

다이아나의 질문에 일단 리스트를 알려주었다.

스트레스에 좋은 음식

- 매일 섭취하면 좋은 음식_채소, 과일, 견과류, 콩, 감자, 고구마, 전립곡물, 생선, 올리브오일, 치즈, 요구르트
- 적당히 섭취하면 좋은 음식_닭고기, 달걀
- 최대한 섭취를 자제해야 할 음식_붉은 살코기

"뇌의 피로 회복을 위해선 칼로리 제한과 수분 보충도 중요해요. 그 외에도 과일, 녹차, 인삼, 은행, 그리고 오메가3가 풍부한 생선 등도 뇌에 좋은 음식이에요.[6] 참, 얼마 전에 들었는데 장내세균도 뇌에 좋은 영향을 미친대요. 장내세균을 활성화하려면 발효식품이 좋고요."[7]

나는 몇 가지 이야기를 덧붙였다.

"그리고 비만은 꼭 피해야 한다고 해요. 비만이 우울증을 유발하기도 하고, 또 우울증으로 인해 비만이 되기도 하거든요. 무엇보다 폭식 같은 식습관을 줄여야 하는데 마인드풀니스가 도움이 된다고 해요. 먹고 싶다는 생각이 들면 그것에 주의를 기울이는 건데 실제로 마인드풀니스가 과식과 감정적인 섭식 행동 개선에 도움이 되었다는 연구 결과가 다수 있더라고요."[8]

다이아나는 나보다 훨씬 많이 마인드풀니스에 관심이 있었던 듯 메모를 하며 이야기를 들었다.

건강한 뇌를 만드는 5가지 습관

"참, 운동도 피로감 개선에 효과적이라고 해요. 저한테 마인드풀니스를 가르쳐주시는 선생님께 들었는데 적당한 운동으로 우울증 환자가 느끼는 피로감이 상당 부분 해소되었다는 연구 결과도 있다고 하더라고요.[9] 일주일에 3~5회, 유산소 운동과 웨이트트레이닝을 병행하는 게 좋고, 너무 무리하지 않고 산소를 75퍼센트 정도 소비하는 강도가 좋다고 하더군요."[10]

다이아나는 정말 몰입해서 내 이야기를 들었다. 약간의 책임감까지 느껴질 정도였다. 나는 요다에게 들은 몇 가지 이야기를 더 덧붙였다.

"운동으로 뇌가 바뀐다는 보고도 많아요. 평균 60대 후반인 사람들이 1년간 유산소운동(빠르게 걷기)을 매일 40분 정도 지속했더니 기억을 관장하는 해마의 부피가 2퍼센트 증가했다는 자료도 있어요.[11] 그러니까 운동으로 뇌의 나이가 한두 살 젊어졌다는 거죠. 뇌를 회복시키는 데 나이는 상관없어요. 뇌를 건강하게 만드는 방법을 몇 가지 더 알려드릴게요."

나는 다섯 가지 방법을 알려주었다.

뇌를 건강하게 만드는 법

① 온·오프 전환 의식을 갖는다.

　→ 특정 음악을 듣거나 샤워를 하는 등. 뇌는 두 가지를 동시에 할 수 없다. 일 모드와 휴식 모드를 명확히 한다.

② 자연을 접한다.

　→ 인간을 초월한 스케일의 비인공물(자연)을 접하는 것으로 일상과 일의 모드에서 벗어난다.

③ 아름다운 것들을 경험한다.

　→ 아름답다는 감각은 뇌의 보수계, 배외측전두전야 등에 작용한다.[12]

④ 몰두할 수 있는 것을 갖는다.

　→ 좋아하는 것에 집중하면 보수계가 자극받는다.

⑤ 고향을 찾는다.

　→ 성장한 장소에서는 안정감을 느낄 수 있다. 안정감은 불안의 반대다.

내 이야기를 가만히 듣던 다이아나는 나지막이 말했다.

"우리 아이하고도 해봐야겠네. 마인드풀니스는 아이의 반항기에도 효과가 있지 않아?"

그녀의 말대로다. 마인드풀니스로 사춘기 청소년의 행동이

개선되고 부모와의 관계 및 부모의 자존감이 회복되었다는 보고도 있다.[13]

10분이 채 안 되었는데 나의 짧은 강의에 다이아나는 매우 만족해했다. 둘 사이에 맺혔던 감정이 거짓말처럼 느껴졌다.

"내 생각인데, 요시로가 나쓰를 받아준 이유를 알겠어. 우리가 나쓰를 못마땅하게 여겨서 일을 안 하다겠다고 했을 때 요시로가 고개를 숙이며 나쓰에게 한 번 더 기회를 달라고 부탁했어. 평소에는 생각지도 못할 일이야."

몰랐다. 무관심한 큰아버지가 나 몰래 그렇게까지 했다니 믿어지지 않았다. 어쨌든 나는 큰아버지의 부탁이 아니었다면 모멘트에 돌아오지 못했을 것이다.

그때 다이아나가 의외의 이야기를 꺼냈다.

"이곳이 이렇게 된 건……, 1년 전 요시로가 공동창업자였던 세르게이를 해고하고 나서부터야. 그후로 가게가 엉망이 되었고 요시로도 의욕을 잃었지. 내 생각에는 요시로가 나쓰를 다시 부른 게 아무래도…… 나쓰가 세르게이와 비슷한 점이 있기 때문인 것 같아. 그러니까 나쓰에게 가게의 운명을 걸어보자고 생각한 게 아닐까?"

스트레스로 몸의 컨디션이 안 좋을 때
브리딩 스페이스

뇌의 구조를 바꿔 스트레스에 대한 인식 바꾸기

스트레스는 뇌내 현상인데 만성화되면 나른함, 어깨 결림, 복통, 위염 등 신체에 다양한 이상 증상이 나타난다. 스트레스가 몸에 주는 영향을 알아차리고 그것을 뇌(전두엽과 편도체의 관계성)를 통해 개선하는 방법이 있다.

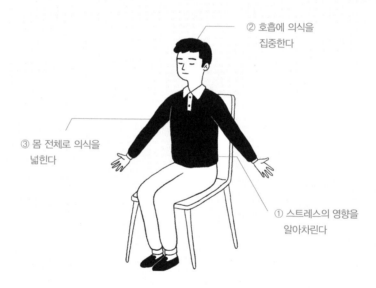

② 호흡에 의식을
집중한다

③ 몸 전체로 의식을
넓힌다

① 스트레스의 영향을
알아차린다

브리딩 스페이스

효과

스트레스 해소, 스트레스로 인한 긴장(어깨 결림 등), 그 외의 이상을 개선

① 스트레스의 영향을 알아차린다

- 마인드풀니스 명상 기본자세를 취한다.
- 스트레스의 원인을 한 문장으로 정의해본다.
- 그 문장을 마음속으로 외웠을 때 몸과 마음이 어떻게 반응하는지 확인한다.

② 호흡에 의식을 집중한다.

- 호흡에 '하나, 둘…' 라벨링한다.
- 몸의 긴장이 풀어지는 것을 느낀다.

③ 몸 전체로 의식을 넓힌다

- 주의를 몸 전체로 확장시킨다(몸 전체가 호흡한다는 상상).
- 숨을 들이쉴 때마다 스트레스에 반응한 신체 부위에 공기를 불어넣는다고 상상하고 호흡에 의해 그곳이 이완되는 느낌을 갖는다.
- 주의를 주변 공간 전체로 넓힌다.

포인트 --

- 육체적 피로의 주원인도 뇌에 있다.
- 스트레스 요인을 한 문장으로 정의함으로써 자신의 '인지 왜곡'을 객관화할 수 있다.

MINDFULNESS

07

잡념에서 자유로워야
편안해진다

자신과 사고를 분리하는 방법

불안으로 날뛰는 머릿속 원숭이들, 즉 잡념을
얌전하게 길들일 수 있다면 피로감은 한층 줄어든다.
잡념에 대해서 방관자로 있어라.
잡념과 나 자신을 동일시하지 않는다면
스스로 잡념에서 자유로워질 수 있다.

"나쓰가 먼저 레이지 데이lazy day를 가져보는 건 어때?"

요다는 기쁜 듯이 녹차를 마시며 말했다.

지난주 스태프 미팅 전에 나는 큰아버지에게 레이지 데이를 제안했다. 레이지 데이란 말 그대로 게으름을 부리며 느긋하게 보내는 시간을 갖는 것인데, 그냥 무조건 게으르게 보내는 것은 아니다. 자신의 마음과 몸에 집중하여 챙기는 시간을 갖는 것이다.

물론 모멘트에 레이지 데이의 도입을 제안한 것은 요다의 조언 덕분이다.

"게으름을 부리며 시간을 보내는 것이 습관이 되지 않을까 걱정할 필요는 없어. 게으름을 부리는 것과 자신의 마음을 챙기는 건 달라. 나쓰의 말을 들어보면 모멘트 스태프들은 원래 성실한 사람들인 것 같아. 그런 성격의 사람은 자신의 마음을 조금 더 돌보는 것이 좋아."

· · ·

나는 일에 지친 다이아나의 얼굴을 떠올리며 한 달에 하루 특별 유급 휴가로 레이지 데이를 시행하자고 제안했다.

"큰아버지, 이미 아시겠지만 가게 일이 조금씩 바빠지고 있어요. 손님도 늘기 시작했고. 그렇기 때문에 모멘트 스태프들에게도 휴식 시간을 주는 것이 중요하다고 생각해요."

"그래, 알았다."

큰아버지는 무슨 생각을 하는지 알 수 없었지만 그 한 마디로 허락했다.

스태프들에게 레이지 데이를 실시하겠다고 발표한 그 주, 나는 당장 휴가를 냈다. 내가 먼저 쉬면 다른 사람도 쉽게 따라할수 있을 것 같았기 때문이다. 어렵게 얻은 시간인 만큼 예일에가서 요다의 강의를 듣고 싶었지만 과감히 하루를 아무것도 하지 않은 채로 보냈다. 1분도 명상을 하지 못했던 걸 생각하면상당한 변화였다.

°　°　°
잡념에서 벗어나는 몽키 마인드 해소법

"그런데 레이지 데이를 경험해본 소감은 어때?"

요다는 덥수룩한 머리를 긁적이며 물었다. 흰색 가운의 얼룩은 여전하다. 나와 모멘트는 조금씩 변화하는데 어쩜 요다는 이렇게 한결같을까.

나는 요다가 끓여준 녹차를 마시면서 대답했다.

"그게…… 제대로 쉰 건지 어떤지 잘 모르겠어요. 명상을 하지 않을 때는 이런저런 잡생각이 떠올라서……. 정신을 차려보면 연구 걱정부터 모멘트 일을 생각하고 있어요. 그것도 다람쥐 쳇바퀴 돌듯이 똑같은 생각이 계속 떠올라요."

"그렇군. 그럼 오늘은 '머릿속 원숭이'를 길들이는 방법을 가르쳐주지."

"네? 머릿속 원숭이요?"

당황하는 내게 요다는 씩 웃어 보였다.

"나쓰처럼 잡념으로 머리가 복잡한 상태를 몽키 마인드Mokey Mind라고 해. 원숭이들이 머릿속에서 시끄럽게 날뛰는 것 같은 불안한 상태를 말하는데, 잡념이 머릿속을 차지하면 뇌는 쉽게 지치고 말지. 뇌는 우리 몸의 장기 가운데 가장 많은 에너지를 소비하는 부위거든. 몽키 마인드를 벗어나면 뇌는 본래의 힘을 최대한 발휘할 수 있게 돼. 집중력, 판단력, 읽고 쓰고 계산하는 능력, 창의력…… 등을 높일 수 있지."

요다의 말을 듣고 보니 내 머릿속에는 항상 시끄러운 원숭이가 10마리 정도는 살고 있는 것 같았다. 대체 어떻게 해야 이 원숭이들을 얌전하게 길들일 수 있을까. 명상을 마치자 요다가 조용히 말했다.

"나쓰가 어떤 역의 플랫폼에 서 있다고 상상해봐. 자, 그곳으로 지금 열차가 들어오고 있어. 안에 타고 있는 건 '잡념'이라는 원숭이 승객들이야. 열차는 잠시 그곳에 정차하는데 나쓰는 플랫폼에 그대로 서 있어. 잠시 후 열차는 원숭이들을 태운 채 출발하지. 그렇게 차례로 열차가 들어온다고 해도 나쓰가 서 있는 위치는 당연히 바뀌지 않겠지? 계속 플랫폼일 거야."

나는 요다의 말이 어떤 의미인지 조금 의아했다. 내 표정을 읽은 요다는 그럴 줄 알았다는 듯 고개를 끄덕이더니 다시 말을 이었다.

"중요한 건 '잡념'에 대해 방관자로 있는 거야. 인간은 잡념을 자기 자신이라고 믿는 경향이 있지. 하지만 '나'는 그저 '잡념'을 담는 그릇에 불과해. 역과 열차를 동일시하는 것이 터무니없듯이 자신과 잡념을 동일시할 필요는 없어. 자신의 마음은

요란스런 잡념도 언젠가 떠난다

'생각하는 자신'과 '생각'을
동일시하지 않는 것이 중요하다

마음은 '생각'이 오가는 '장소'에 불과하다

열차들이 오가는 플랫폼. 아무리 잡다한 종류의 열차가 들어와
도 플랫폼은 바뀌지 않지."

요다는 다시 힘주어 이야기했다.

"그런 플랫폼 이미지를 떠올리는 것으로, 그러니까 스스로가
플랫폼이라고 생각하는 것만으로도 충분히 마음을 정돈된 상
태로 유지할 수 있어."

요다의 말이 맞다. 보통 무언가를 떠올리며 '생각하는 나'와
'생각(잡념)'을 거의 구별하지 않았다. 무언가에 대해 고민하면
마치 나 자신이 괴로운 것처럼 느끼곤 했다. 잡념이 꼬리를 물
면 나 자신도 하염없이 겉돌기만 했다. 그런데 정말 내가 원숭

이들과 함께 복잡한 만원 열차에 올라탈 필요는 없지 않은가. 나는 그 열차의 승객이 아니다.

마음을 다잡고 있는데 요다가 한마디 거들었다.

"이런 이미지로 마음속에 빈 공간을 만드는 거야. 실제로 마음에 여유가 있는 사람은 자신과 생각을 동일시하지 않아. 어떤 생각이든 일시적으로 뇌를 찾아오는 승객일 뿐 계속 머릿속에 사는 것은 아냐."

° ° °

잡념도 습관이다

"선생님, 이건 일종의 인지행동요법인가요?"

"후하하하. 예리하군. 역시 내 제자야!"

요란한 웃음소리와 함께 요다는 고개를 끄덕였다.

요다의 제자가 된 기억은 없지만 인지행동요법에 대해서는 조금 알고 있었다. 1960년대에 아론 벡Aaron Beck이라는 미국 정신과 의사가 고안한 카운슬링 방법으로 인지, 즉 사고방식을 바꿔 마음의 병을 개선하는 요법이다. 요다가 설명한 열차 이야기 역시 '잡념에 대한 사고방식(인지)'을 바꾸려 한 것이라고 볼 수 있었다.

　인지행동요법은 '인간은 인지, 정서, 행동으로 형성된다'는 단순한 논리가 근간이 된다. 불면, 우울증, 불안, 패닉 장애, 거식증, 약물 의존, 분노 등 다양한 영역에 응용되어 효과가 실증되고 있으며, 지금은 심리상담에서 가장 보편적으로 활용되고 있다.

　"인지행동요법은 원래 행동을 수정하는 행동요법으로 시작되었지(1세대). 그것이 차츰 사고방식의 나쁜 습관, 인지 왜곡을 일정한 이론을 토대로 수정하는 방법으로 발전했고(2세대), 그리고 이제는 마인드풀니스 인지요법(3세대)이 확산되고 있다네. 미국에서 발원된 과학적 방법에 동양에 기원을 둔 마인드풀니스가 결합된 형태이지. 내가 나쓰에게 알려준 것처럼 먼저 명상을 하면서 인지를 객관화하는 것부터 시작하는 방법이야. 마인드풀니스는 '나의 사고방식 습관'을 스스로 알아차리는 데도 효과적이야."

　요다는 찬찬히 설명을 이어갔다.

　"그런 다음 기존의 인지행동요법을 더하는 거지. 인지 왜곡을 종이에 쓴 다음 그것을 수정해가는 거야. 마인드풀니스를 접목하는 것으로 자신의 사고방식 습관을 쉽게 다룰 수 있도록 만드는 거라고 할 수 있어."

인지행동요법과 마인드풀니스의 결합은 생각해본 적 없는 조합이었다. 사실 굳이 마인드풀니스를 도입하지 않아도 인지행동요법은 지금까지도 충분히 그 기능을 발휘한 것 같다는 생각에 머리가 조금 복잡했다. 이런 나를 꿰뚫은 요다가 한 마디를 덧붙였다.

"아직 반신반의하는 것 같군. 하지만 이미 여러 연구 결과가 발표되었다네. 예컨대 우울증 환자들을 무작위로 두 그룹으로 나누어 한 그룹에는 기존 치료 방식대로 약물을 투여하고 다른 한 그룹에는 일주일에 2시간씩 마인드풀니스 인지요법을 실행했다네. 결과가 어땠을까? 두 그룹 사이의 재발률 차이가 없었다네."

분명 이건 충격적인 결과였다. 요다는 그 순간을 놓치지 않고 눈을 반짝이며 말했다.

"하하하, 요즘 약물 치료를 자제하는 추세라고는 하지만 그 연구의 대상은 중증 우울증 환자들이었어. 그런 환자들에게 약물 치료를 중단한다는 건 정신과 의사 입장에서 보면 상당히 위험하다고 생각되는 일이거든. 재발 가능성이 높기 때문이지. 그런데 마인드풀니스 인지요법이 약물 치료와 동일한 효과를 나타낸 거야."

우울증 재발 방지

영국 옥스퍼드대학교 윌럼 쿠이켄Willem Kuyken 교수 연구팀은 재발
성 우울증 환자를 두 그룹으로 나눠 연구를 실시했다.

한 그룹은 8주간 마인드풀니스 인지치료를 시행하였고, 다른 한 그
룹은 기존의 약물 치료를 실시한 뒤 2년 뒤 재발률을 조사하였다.
그 결과 두 그룹 사이의 재발률 차이가 나타나지 않은 것을 확인
했다.[1]

연구팀은 후속 연구를 통해 마인드풀니스 인지요법 이외의 인지요
법을 실시한 환자군들과의 비교 연구를 시행하였다. 9건의 무작위
대조 임상실험으로 1258명에 대한 데이터를 분석했다. 그 결과 전
반적으로 마인드풀니스 인지요법으로 치료를 받은 환자의 60주 후
우울증 재발률은 다른 요법으로 치료를 받은 경우에 비해 31퍼센트
낮은 것으로 나타났다.

이는 자가 치료법을 포함한 수치인데, 자가 치료를 제외해도 재발
률이 21퍼센트 낮은 것으로 조사되었다.

또한 나이, 성별, 교육 수준, 사회적 관계, 우울증 발현 당시의 연령
이나 증상에 관계없이 마인드풀니스가 동일하게 효과적이라는 점
을 확인했다.

○ ○ ○

항상 똑같은 고민에 빠지는 이유

요다의 설명을 들으니 나는 모멘트 스태프들이 생각났다. 사실 도모미가 먼저 떠올랐다. 그녀는 스태프 중에서 가장 실수가 없고, 짜증을 내지 않는다. 명상을 제안하고 시작했을 때도 비교적 빠른 시기에 참여해주었다. 그런데 한 가지 마음에 걸리는 것이 있었다.

마인드풀니스를 실천하고 크게 실수가 준 카를로스나 표정이 밝아진 다이아나에 비해 도모미는 눈에 띄는 개선점이 없었다. 무리 없이 일을 해서 흘려보게 되는데, 주의 깊게 관찰하면 늘 생각에 잠긴 표정이었다. 게다가 한 달에 한 번 레이지 데이를 도입한 후에도 아직 그녀만 유급 휴가를 쓰지 않았다. 어쩌면 지금 가장 휴식이 필요한 사람은 도모미일지 모른다는 생각에 이르렀다.

나는 다시 요다에게 답을 구했다.

"치료 외에 마인드풀니스 인지요법을 활용하는 방법은 없나요? 모멘트 스태프들에게 유용할 만한 것이요."

"모멘트에서 할 수 있는 방법이라…… 물론 있지!"

요다는 오늘따라 부쩍 연구자의 권위를 세운 듯한 모습으로 말했다. 뭔가 좋은 방법이라도 있는 걸까?

"이전에 가르쳐준 브리딩 스페이스 기억하고 있지? 그 방법을 활용하면 돼."

나는 브리딩 스페이스의 세 단계를 떠올려보았다. 요다도 그걸 아는지 잠시 숨을 고르며 기다리는 듯 했다.

① 명상하면서 스트레스의 원인을 한 문장으로 만들어보고, 신체의 변화를 관찰한다.
② 호흡에 집중해 지금, 여기를 의식한다.
③ 의식을 몸 전체로 넓힌다. 긴장된 부위에 호흡을 불어넣는다.

"스트레스의 원인을 한 문장으로 만든 것은 신체의 긴장을 풀기 위해서였는데 여기서는 스트레스의 원인이 되는 사고방식(인지) 습관을 다루기 쉽게 만드는 게 목적이지."

나는 브리딩 스페이스를 처음 배웠을 때처럼 스트레스의 원인을 한 문장으로 떠올렸다.

'연구가 생각대로 되지 않아 초조하다.'

"자신의 사고방식 습관을 한 문장으로 만드는 것이 의미가 있는 까닭은 인지 왜곡에 이름을 붙여봄으로써 그 대처법을 찾아낼 수 있기 때문이야. 마음의 플랫폼에는 다양한 열차(잡념)

가 들어온다고 생각할지도 모르지만 사실은 지극히 한정된 종류의 열차만 들어오는 것일지도 모르거든. 그러니 그 열차들에 이름을 붙여서 알고 있다면 '아, 또 이 열차구나' 하고 침착하게 대응을 할 수 있게 되겠지."

"일종의 라벨링이군요."

나의 맞장구에 요다는 만면에 웃음을 지으며 대답했다.

"그렇지! 그럼 이미 라벨링한 생각이 나타났을 때 어떤 대처를 하면 될까? 대략 다섯 가지 방법을 생각해볼 수 있어."

요다는 몽키마인드를 해소하기 위한 방법 다섯 가지를 천천히 설명했다.

"첫째는 버리는 거야. 너무 여러 번 떠오르는 생각이라면 스스로 '이제 됐어!' 하는 식으로 머리 밖으로 내보내는 거지. 단순하지만 무시할 수 없는 방법이야. 둘째는 예외를 생각해보는 거야. 그 생각이 들어맞지 않는 경우를 생각해보는 거지. 같은 생각이 나타나는 것은 똑같은 전제를 밑바탕에 두기 때문이야. 스스로 어떤 전제를 두는지 생각해보면 그것에 해당하지 않는 경우도 찾을 수 있어."

요다는 시선을 들어 나를 쳐다보고는 이야기를 계속했다.

"셋째는 현자의 관점으로 생각해보는 거야. 평소 자신이 존경해온 사람이나 역사적인 위인이라면 이 생각에 대해 뭐라고 말할지 생각해보는 거지. 나쓰의 플랫폼에 위인의 시선을 끌어들이는 것이라고 보면 돼. 넷째는 옳고 그름으로 판단하지 않는 거야. 마인드풀니스의 기본 기억나지? 그걸 생각하면 돼 아무 판단 없이 지금, 여기를 있는 그대로 판단하고 집중해보는 거지. 다섯째는 원인을 찾아보는 거야. 왜 그 생각이 계속해서 여러 번 나타나는지 말이야. 왜 그 열차는 빈번하게 내 플랫폼으로 들어올까. 대체 그 열차는 어디서 오는 것인지를 규명해보는 거야. 반복해서 나타나는 생각의 원인이 되는 건 보통 내 안의 충족되지 않은 욕구야. 이것을 깊은 욕구deep needs라고 해.”

○ ○ ○
자기 비판부터 경계하기

“어떤 생각이 떠올라요?”

모멘트의 준비실. 의자에 앉아 눈을 감은 도모미에게 조용히 물었다. 그녀는 잠시 자신의 머릿속을 살피는 듯하다가 작게 중얼거렸다.

“창피한 얘긴데, 나는 집안일에 소질이 없어요. 오늘도 잔뜩 어질러진 상태로 나왔어요. 남편은 아침부터 밤까지 일하는데 나는 정말 요령이 없어서…….”

“그럼 그걸 하나의 문장으로 만들어봐요.”

도모미는 ‘나는 집안일을 못하는 무능한 인간이다’라는 문장을 만들었다.

“일단은 그 생각의 존재를 인정하세요. 도모미의 머릿속에 항상 그 생각이 떠오른다는 걸요. 이제 그럼 이 생각을 어떻게 수정할 수 있을지 생각해볼까요? 몇 가지 방법이 있는데 가장 간단한 것은 ‘옳고 그름으로 판단하지 않는 것’이에요. 집안일을 못하는 것 자체는 사실이어도 그것이 ’잘못’이나 ‘무능’으로 이어지는 것은 왜일까요? 남편은 그런 당신을 정말 무능하다고 생각할까요?”

단순하게 생각해도 도모미가 스스로를 ‘요령이 없는 무능한 인간’이라고 생각하는 것은 인지의 왜곡이었다. 적어도 모멘트에서의 그녀를 보면서 무능하다고 느낄 사람은 없을 터였다. 그런데도 그녀는 상당히 비판적이었다. 나는 그녀에게 다음 단계를 알려주었다.

“도모미, 이제 당신이 존경하는 사람을 한번 떠올려봐요. 그 사람이라면 ‘나는 집안일을 못하는 무능한 인간’이라는 당신의 생각에 대해 어떻게 말해줄까요? 어디까지나 상상이니 부담 갖지 말고 한 번 떠올려보세요.”

도모미는 말없이 무언가 곰곰이 생각하는 듯 했다. 나중에 들은 이야기인데, 그날 그녀는 테레사 수녀를 떠올렸다고 했다. 다행스럽게도 명상을 마친 후 도모미의 표정은 이전보다 훨씬 밝아졌다.

"나쓰, 오늘 고마웠어요. 뭐랄까, 마음이 가벼워졌어. 정말 머릿속에서 시끄러운 원숭이가 한 마리는 사라진 느낌이야."

명상이 끝난 후에도 도모미는 조용히 자신을 돌아보는 것 같았다. 자기 마음속의 깊은 욕구에 대한 탐구를 시작한 것처럼….

마음속 깊은 욕구……. 나의 깊은 욕구는 무얼까.

왜 내 안에서 연구에 대한 초조함이 끊이지 않을까.

왜 마인드풀니스에 대한 반발이 사라지지 않을까.

아버지의 얼굴이 뇌리에 가물거렸지만 그 이야기는 아직 요다에게 말할 기분이 들지 않았다.

잡념의 고리에서 벗어나고 싶을 때
몽키 마인드 해소법

뇌에 반복해 나타나는 '사고_{思考}의 원숭이'를 잠재우기

머릿속에 수많은 잡념이 소용돌이치는 몽키 마인드 상태에서는 뇌의 에너지를 크게 낭비해 피로가 쌓이고 수면의 질도 떨어진다. 그런 때는 먼저 잡념 자체에 대한 인지를 바꾸자. 반복해 찾아오는 잡념에 이름을 붙이면 잡념의 고리에 쉽게 빠지지 않는다.

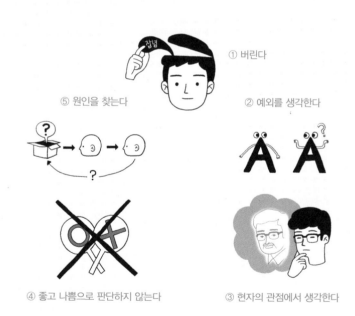

몽키 마인드 해소법

효과

잡념 억제, 집중력 향상, 자기혐오 회피, 수면의 질 개선, 숙면

① 버린다

- 사고에 라벨링을 해서 '여러 번 생각했다'는 사실을 알아차린다.
- '이제 그만' 하고 사고를 머리 밖으로 내보낸다고 상상한다.

② 예외를 생각한다

- 같은 생각이 나타나는 것은 같은 전제를 두기 때문이 아닌지 생각해본다.
- 그 생각이 들어맞지 않는 경우를 생각해본다.

③ 현자의 관점에서 생각한다

- 내가 존경하는 인물이라면 어떻게 생각할지 떠올려본다.
- 그러면 '잡념 자체'와 '잡념을 갖는 나'를 동일시할지 자문해본다.

④ 좋고 나쁨으로 판단하지 않는다

- 지금, 여기 이외의 기준으로 사물을 평가하지 않는다.
- '판단하지 않는다'를 의식한다.

⑤ 원인을 찾는다

- 그 생각이 여러 번 나타나는 원인은 무엇인지 찾아본다.
- 자신의 '깊은 욕구'와 비교해서 다시 생각해본다.

포인트 --

- '잡념 = 열차', '나 = 플랫폼'이라는 인지행동요법적 접근이 효과적이다.
- 잡념의 고리는 수면(뇌의 세정작용)에 방해가 된다.

MINDFULNESS

08

몸과 마음의
에너지를 지키는 법

피로를 극대화하는 분노 조절하기

화는 스스로를 지키기 위한 일종의 방어기제이다.
스스로 화가 나는 것을 받아들이고, 인정하고,
내 몸의 변화에 집중해보자.
무엇보다 화와 화내는 나를 동일시하지 않는 것으로
마음의 안정을 가져올 수 있다.

"······후하하하, 그렇게 낙심할 것 없어."

속상해하는 내게 요다가 말했다. 하지만 전혀 위로가 되지 않았다. 나는 의자에 앉아 고개를 푹 떨궜다.

요다의 주말 수업이 시작된 지 어느새 두 달. 나도, 모멘트도 조금씩 변화하고 있었다. 마인드풀니스 명상에 참여한 카를로스, 다이아나, 도모미에게도 효과가 있어 보여 마음이 놓이고 있는 참이었다. 모멘트 역시 조금씩이지만 손님도 늘고 있었고, 무엇보다 가게 분위기가 많이 밝아졌다. 모든 것이 순조로운 듯했다.

하지만 이 모든 평온을 깨는 문제가 발생했다. 단순화하면 내가 다시 이성을 잃고 폭발하고 말았다.

카를로스, 도모미, 다이아나와 함께 아침 명상을 마치고 가게 오픈 준비를 위해 각자 일자리로 돌아가려 할 때였다. 스태프 한 명이 내 옆을 스쳐가며 아주 작은 소리로 속삭였다.

"이젠 베이글 가게 종업원이 꽤 잘 어울리는군. 하하."

놀라서 돌아보니 브래드가 노골적으로 이죽거리고 있었다. 그의 말투와 표정 모든 것이 비아냥이라는 걸 말해주고 있었다. 뇌과학 연구실에서 도망친 후 복귀할 가망이 전혀 보이지 않는 나를 비꼬는 말이었다. 나는 최대한 감정을 억눌렀다.

"그래⋯⋯? 그래도 얼른 모멘트가 안정돼서 연구실로 돌아가고 싶어."

쥐어짜듯이 간신히 말했다. 그러나 브래드는 더욱 못되게 공격했다.

"글쎄. 넌 이곳이 잘 어울리는걸! 내게는 푼돈벌이에 불과하지만."

순간, 감정이 걷잡을 수 없이 파도를 쳤다. 나는 떨리는 목소리를 애써 숨기며 말했다.

"브래드, 적당히 하지! 네 일이나 잘 하라고."

정말 애써 참았으나 브래드의 독설은 멈추지 않았다.

"그거, 마인드풀니스⋯⋯였나? 크리스에게 들었는데 네 아버지, 스님이라며? 역시 그래서 '동양의 신비'가 잘 어울렸군!"

더 이상 참을 수 없었다. 결국 나는 이성을 잃고 폭발했고 그를 향해 큰소리를 질렀다. 혀가 꼬여 소리치는 나도 무슨 말을 했는지 알 수 없었다. 내가 정신을 차린 건 '쨍그랑' 하는 소리가 났을 때였다. 브래드가 들고 있던 쟁반을 내가 내리쳐 접시와 음식이 바닥에 내동댕이쳐진 거였다. 분명 내가 한 일이지만 나는 기억이 잘 나지 않았다. 바닥에 뒹굴고 있는 그릇을 보고야 나는 정신이 번쩍 들었다. 다른 스태프들이 모두 놀라서 입을 반쯤 벌린 채 나와 브래드를 쳐다보고 있었다.

나는 그대로 도망치듯 그곳을 빠져나왔다.

• • •

"화는 스스로를 지키기 위해 뇌가 발동하는 일종의 '긴급 모드'이지."

여느 때처럼 요다는 녹차를 건네주면서 설명했다.

"전에 설명했던 편도체가 화에서도 중요한 역할을 해. 편도체는 외부로부터 과도한 자극을 받으면 뇌 전체를 지배하며 폭주를 해버린다네. 편도체 납치Amygdala Hijack라고도 하는데[1], 이게 사실 화의 실체야. 편도체가 과잉으로 활성화되면 아드레날린이 분비되어 뇌의 사고활동이 억제되기 때문에 이성적 판단이

편도체 납치

편도체 납치는 다니엘 골먼이 1996년 출간한 《감성지능 : 왜 IQ보다 더 중요한가?》에서 처음 제시한 이론이다.

편도체는 주의의 자극에 대한 감정적 반응을 유도한다. 진화론적으로 보면 편도체는 외부에서 들어온 정보가 나를 위협하는지 여부를 점검하여 생명을 유지하는 데 있어서 필수적인 역할을 했다. 즉 내가 잡아먹을 수 있을까? 아니면 내가 잡아먹힐 것인가를 매순간 확인하고 점검하는 것이 편도체의 주요한 기능이다.

만약 이때 들어온 정보가 스스로에게 위협이 된다고 판단이 되면 편도체는 즉시 비상사태를 선포하고 시상하부 – 뇌하수체 – 부신 회로를 활성화시킨다. 즉 시상하부에서 아드레날린이나 코르티솔 같은 스트레스 호르몬을 분비하도록 지시하는 것이다.

이렇게 되면 편도체가 과도하게 활성화되어 통제를 벗어난 상태가 되는데, 이를 편도체 납치라고 한다. 편도체의 과부하는 물리적인 위협뿐 아니라 언어적 폭력, 감정적 자극에도 영향을 미친다.

불가능해져. 나쓰가 그랬던 것처럼…."

'편도체 납치'라니, 그 단어가 생소하긴 했지만 이전에 요다가 설명한 적이 있었다. 뇌는 위험으로부터 스스로를 보호하려는 투쟁 – 도피 반응을 보인다는 걸 말이다. 요다는 자기 앞의 녹차를 한 모금 마시곤 다시 이야기를 이어갔다.

"화는 매우 순간적인 감정이고 배경이 복잡할 수도 있어. 그래서 치료에도 애를 먹곤 해. 최근에는 인지요법을 기반으로 한 '분노관리anger management'프로그램이 주목을 받고 있긴 한데 아직은 효과가 많이 입증되진 않았다네."

요다의 설명을 들으면서 나는 계속 모멘트에서의 일을 곱씹고 있었다. 자괴감이 밀려들었다. 마인드풀니스로 나 스스로를 어느 정도 컨트롤할 수 있게 되었다고 생각했는데, 그런 느낌이 마음에서 피어오르기 시작했는데…. 브래드와의 사건으로 인해 그 모든 자신감은 완전히 무너져버렸다.

∘ ∘ ∘

뇌에서 오는 충동에 대처하는 RAIN

요다는 따뜻한 눈빛으로 내게 해법을 이야기했다.

"화를 대처하는 마인드풀니스 방법은 RAIN이야. 이는 화가 나는 걸 알아차리고, 화가 나는 걸 받아들이고, 내 몸의 변화를 살펴보고, 화나는 것과 스스로를 동일시하지 않고 분리하는 방법이야."

RAIN의 원리

① 화가 나는 것을 알아차린다 Recognize

② 화가 난다는 현실을 받아들인다 Accept

③ 몸에 어떤 변화가 일어나는지 살펴본다 Investigate

④ 화와 자신을 동일시하지 않고 분리한다 Non-Identification

"그러니까 자신이 화를 느낀다는 사실을 있는 그대로 받아들이고, 몸에서 일어나는 변화에 주의를 기울이는 거야. 지금까지 해온 대로 호흡을 의식해도 좋아. 거듭 말하지만 호흡은 지금, 여기에서 휩쓸려가지 않기 위한 닻이야. 그리고 RAIN 방법은 화뿐 아니라 모든 충동에 효과적이지. 단것을 먹고 싶거나 담배를 피우고 싶은 충동(이것을 크레이빙craving이라고 한다)이 파도처럼 밀려올 때 그것을 사실로 받아들이면서 몸에 일어나는 변화를 살펴보는 거야. RAIN을 익히면 금연 성공률이 2배 이상 높아진다는 연구 결과도 있거든."[2]

나는 요다가 말한 RAIN을 반복해 되새겼다. 이번에야말로 같은 실수를 반복하지 않겠다고 새롭게 결심했다.

그 순간 요다가 집게 손가락을 세워 보이며 말했다.

"나쓰, 나쓰는 너무 성실해. 무엇보다 화는 '마음의 여유가 없는 팍팍함'에서 온다네. 그걸 기억해야 해."

나는 그의 말에 가만히 고개를 끄덕였다. 요다는 내게 또 다른 질문을 던졌다.

○ ○ ○

목적의식과 화의 관계

"나쓰, 만약 산에 오른다면 나쓰는 어디를 볼까?"

"…네? 그야 정상…… 아닌가요?"

"그래. 바로 그거야. 나쓰는 그렇게 늘 목표만 의식하고 있는 건 아닐까? 무언가를 완수하는 것에 얽매인 상태를 과제 지향적이라고 하는데 나쓰는 그런 경향이 강한 사람인 것 같아. 흔히 이야기하는 대로 산을 오를 때 주위의 풍경도 봐야 하고, 내 발 아래 펼쳐진 풀과 꽃도 봐야 즐겁잖아. 그런데 정상만 보고 간다면 어떨까? 그저 산을 오르겠다는 과제에만 집중하면 다른 건 보기가 힘들겠지. 여유도 없을 테고. 일단은 빨리 정상에 올라가야 하니까. 조급한 마음, 그걸 해소하지 못하면 분노가 생기지. 그러니까 과제 지향적 성향이 과하면 마음에 여유가 사라지고 분노가 자란다는 거야."

요다는 잠시 이야기를 멈추고 내게 생각할 시간을 주는 것 같았다. 그리고 다른 이야기를 덧붙였다.

"나쓰, 혹시 목사를 꿈꾸는 학생들을 대상으로 한 실험에 대해 들어본 적 있어?"

"아니요."

"과제 지향적 성향이 얼마나 사람을 팍팍하게 만드는지를 보여주는 실험 결과야. 들으면 놀랄걸! 목사가 되고자 하는 학생들을 두 그룹으로 나눈 뒤 한 그룹에는 '○○시까지 다음 교실로 이동하세요'라고 전달하고, 다른 한 그룹에는 시간은 정하지 않은 채 이동해야 할 교실만 알려줬어. 그리고 두 그룹이 이동하는 도중에 어려움에 처한 사람과 우연히 부딪히게 했지. 두 그룹 중 시간을 알려준 그룹의 학생들은 그 사람을 돕지 않고 지나쳤어. 과제를 의식한 나머지 마음의 여유가 없어진 거야. 그리고 그 순간 자신이 되려는 목사라는 일의 본질까지 놓쳐버린 거지."[3]

그 이야기를 듣는 순간 나는 아무말도 하지 못했다. 무언가 세게 한 대 맞은 느낌이었다.

• • •

다시 한 주가 시작된 월요일 아침, 나는 침착함을 되찾은 상태로 모멘트로 향했다. 횡단보도 앞까지 왔을 때 빨간불이 켜져 있었다. 다른 때 같으면 스마트폰을 만지작거렸을 텐데 오늘은 하늘을 올려다보았다. 푸른 하늘이 눈부셨고 아침의 상쾌한 공기가 알싸했다. 그제야 나는 내가 미국에 온 뒤로 하늘을 올려다본 적이 없다는 걸 깨달았다. 나는 속으로 가만히 말했다.

'횡단보도 앞에서 파란불이 들어오길 기다리는 건 정말 큰 행운이야! 아침 하늘이 너무 눈부시잖아. 진짜 하늘 보기 딱 좋은 시간이지!'

그렇게 읊조리고 나니 피식 웃음이 났다. 요다의 조언을 충실히 지키고 있는 내가 왠지 우스꽝스럽기도 했지만 어쨌든 신기하게도 마음에 여유가 생긴 건 분명했다.

나는 힘차게 걸어 모멘트로 들어섰다. 스태프들이 저마다 분주하게 자기 할 일을 했다. 스태프들을 향해 큰 소리로 인사를 했다. 그리고 브래드에게로 다가가 진심으로 사과했다.

물론 브래드는 쉽게 사과를 받아주지 않았다. 그는 여전히 아니꼬운 표정으로 사과를 받을 마음이 없다는 듯 방어적인 자세를 취했다.

순간적으로 '뭐야, 저 태도는! 이렇게 사과하는데……' 하고 욱하는 감정이 솟구치려고 했다. 하지만 요다에게 배운 RAIN을 재빠르게 떠올려보았다. 신기하게도 감정이 조금씩 가라앉

왔다. 내가 얼굴색 하나 변하지 않은 것이 유감인지 브래드는 더욱 불만스런 표정이 되었다. 브래드가 이제 또 어떤 말을 내뱉을지 긴장되는 순간 누군가 말을 가로막고 나섰다.

"누구나 그럴 때가 있지."

크리스였다. 이전처럼 나에 대해 노골적으로 반발하는 일은 없지만 동양적인 것이라면 나 이상으로 혐오하는 크리스는 여전히 아침 명상에는 참가하지 않고 있었다. 그런 그가 이 상황에서 나를 두둔해주다니……. 나도 놀랐지만 다른 스태프도 모두 놀란 눈치였다. 크리스는 조심스럽게 한마디를 덧붙였다.

"나도 화를 참을 수 없을 때가 있거든……."

나는 여전히 놀란 눈으로 크리스를 쳐다보았다. 나와 눈이 마주친 그는 말을 더 이상 잇지 못하고 얼굴을 붉히며 시선을 피했다. 왠지 그의 마음을 이해할 수 있을 것 같았다. 엄격한 아버지 밑에서 억압당하며 자란 우리는 비슷한 점이 많았다. 내가 브래드에 대해 화를 참으려는 모습을 보고 그도 뭔가 생각난 게 있는 것이 아닐까 생각했다. 어쨌든 다행이었다.

· · ·

며칠 후, 밤 10시가 넘은 시간에 휴대전화 벨이 울렸다. 전화기 액정화면 위로 '어머니'라고 발신자가 떴다. 그 짧은 순간 정말 수많은 생각이 머릿속에 떠올랐다. 나는 겨우 전화기를 집어들었다.

"나쓰?"

어머니 목소리는 오랜만에 듣는 거였지만, 나는 직감적으로 좋은 소식이 아니란 걸 알 수 있었다.

"아버지, 더 이상 힘들 것 같아⋯⋯. 나쓰, 부탁이니 돌아와."

어머니가 목이 멘 소리로 말했다. 아버지의 병세가 생각보다 더 빠르게 악화된 모양이었다. 나는 아무말 하지 않은 채 가만히 어머니의 말만 듣고 있었다.

"나쓰? 나쓰?"

어머니는 걱정스럽게 내 이름을 불렀다.

"어머니 죄송해요⋯⋯. 저, 지금은 못 가요."

어머니는 내 말에 더 이상 대꾸하지 못하고 흐느끼다 전화를 끊었다.

침대에 누웠지만 쉽게 잠들지 못했다. 어머니의 흐느낌이 귓가에 남아 계속 맴돌았다.

분노와 충동적 행동에 휩쓸릴 때

RAIN

'편도체 납치'에 빠지지 않는 뇌 구조 만들기

뇌가 과도한 스트레스를 받으면 본능과 감정을 관장하는 편도체가 폭주한다. 이 성적인 뇌의 판단과 명령을 따르지 않게 되어 자신을 조정할 수 없는 상태에 빠지게 되는 것이다. 분노를 느낄 때는 RAIN의 4단계로 충동을 통제하자.

① 알아차린다
'화가 난다'

② 받아들인다
'인간이니 어쩔 수 없다'

④ 분리한다
'화가 가라앉으면 좋겠다'

③ 살펴본다
'왜 화가 났을까?'

RAIN

효과

분노 진정, 욕망 절제, 충동 억제, 다이어트, 금연

① 알아차린다 Recognize
- 내 안에서 화가 난다는 걸 알아차린다.
- 화와 화내는 자신을 동일시하지 않는다.

② 받아들인다 Accept
- 화가 난다는 사실을 받아들인다.
- 그 사실에 가치평가를 더하지 않고 그대로 인정한다.

③ 살펴본다 Investigate
- 화났을 때 몸에 어떤 변화가 일어나는지 살펴본다.
- 심장박동은 어떻게 변하는지 살펴본다.
- 몸의 어느 부위가 긴장되는지 살펴본다.

④ 분리한다 Non-Identification
- 자신의 감정을 나 자신으로 인식하지 않는다.

포인트
- 화 이외의 여러 가지 충동(욕망)에도 효과적이다.
- 목적의식이 높은 사람일수록 마음의 여유가 없어서 충동적으로 행동하기 쉽다.

M I N D F U L N E S S

09

역경에 흔들리지
않는 마음

뇌과학이 말하는 안정감과 피로의 상관관계

나를 힘들게 만드는 역경에서 어떻게 자신을 지켜낼 수 있을까.
역경은 실제보다 더 부풀려지곤 한다는 걸 기억하라.
지금, 여기에 집중하여 회복력을 발휘하는 것이
당신의 피로를 줄여줄 것이다.

"후하하하!"

귀에 익은 웃음소리. 그럴 리 없다고 생각했지만 분명 모멘트 안에서 들려오는 소리였다.

'앗!'

뒤돌아보니 요다가 그곳에 있었다. 평소에 보던 지저분한 흰색 가운 대신 구깃구깃한 재킷 차림이었다.

"요… 요다, 아니 그로브 교수님! 웬일이셔요?"

"그야 베이글 먹으러 왔지. 손님이야, 손님. 후하하."

원래 묘한 노인이라고 생각했지만 이런 타이밍에 가게에 나타나다니……. 당황하는 내 옆으로 누군가 휙 지나갔다.

"어서 오세요, 교수님. 주문하시겠습니까?"

요다의 테이블에 물컵을 내려놓은 것은 브래드였다.

"오, 브래드! 오랜만이네. 연구가 잘되는 깃 같아 다행이야. 소문으로 들었어, 슈퍼!"

"네, 덕분에 다음 달이면 일단락 지어질 것 같습니다. 이번 건은 특허 신청도 검토하고 있어요."

평소의 브래드와 달리 요다를 대하는 태도가 겸손했다. 사람에 따라 태도가 바뀐다는 건 알았지만 좀 의외였다. 요다 역시 특유의 웃는 얼굴로 브래드를 대했다. 순간 두 사람이 이전부터 아는 사이였어도 이상할 건 없겠다는 생각이 들었다. 연구실이 다르다고는 해도 둘 다 예일대 의대 소속이니 학회에서 부딪치는 일도 적지 않을 것이다. 왜 미처 몰랐을까. 어쨌든 요다도 너무하다. 브래드와 아는 사이라면 미리 말해줄 수도 있지 않았는가.

"어서 오세요!"

가게 안 분위기의 변화를 느꼈는지 큰아버지도 준비실에서 나왔다.

"그로브 교수님, 항상 나쓰를 보살펴주셔서 감사합니다. 나쓰의 큰아버지인 요시로입니다. 얘가 성격이 까탈스러운데 잘 지도해주십시오."

평소의 큰아버지답지 않은 말이었다. 요다 교수는 '네네' 하면서 고개를 끄덕이고는 이야기했다.

"나쓰와 브래드 모두 예일에서는 우수한 인재입니다. 두 사람이 가게 일을 돕다니, 요시로 씨 정말 복 많은 분이에요! 하하하."

요다는 기분 좋은 듯 큰소리로 웃고는 생글거리며 말했다.

"요시로 씨는 말하자면 모멘트의 필 잭슨이에요."

미국 프로 농구 NBA의 명감독. 마이클 조던을 거느린 시카고 불스, 코비 브라이언트의 LA레이커스를 여러 번 우승으로 이끈 유명 감독 필 잭슨과 큰아버지가 무슨 상관관계가 있단 말인가? 순간 요다가 한 마디 덧붙였다.

"필 잭슨은 조던과 브라이언트처럼 뛰어난 스타 선수들을 능숙하게 통솔했어요. 개성 있는 선수가 자기중심적으로 경기를 하면 농구에서는 이길 수 없죠. 요시로 씨도 나쓰와 브래드가 힘을 합하기 전까진 고민이 많으실 거예요. 하하하!"

"아닙니다, 저야 딱히 하는 것도 없고⋯."

큰아버지는 평소와 같이 무표정으로 짧게 대답했다. 정말이지 요다는 방심할 수 없는 사람이다. 내가 브래드 때문에 힘들어하는 것도, 큰아버지가 가게 일에 의욕이 없다는 것도 빤히 알고 있으면서 저렇게 말하다니!

"팀과 조직을 움직일 때 자아가 방해가 되는 경우가 있지. 나쓰, 이전에 브루어의 연구를 이야기할 때 마인드풀니스 명상은 자기의식을 관장하는 후방대상피질이 과도하게 활성화되는 걸 서하시킨다고 했는데 기억해?"

"네."

나는 짧게 답했다. 요다가 말을 이었다.

"이걸 발전적으로 해석하면 마인드풀니스가 고도의 팀워크를 만들어낼 수도 있다는 뜻이야. 후방대상피질의 활동이 저하되면 이론적으로는 '내가, 내가' 하는 에고이즘도 얼굴을 드러내기 어려워지거든. 아마 이런 이유 때문에 많은 일류 기업들이 마인드풀니스를 도입한 걸 거야."

어느 새 가게에서 강의가 시작되었다. 주위 손님들도 무슨 일인가 하는 표정으로 요다를 쳐다보았다. 이야기에 빠져 있던 요다도 공기 변화를 눈치챘는지 말을 멈추곤 웃어 보였다.

"이런이런······. 버릇이 돼서 나도 모르게 그만, 후하하하."

겸연쩍어하는 그가 머리를 긁적이자 재킷의 겨드랑이에 커다란 구멍이 나 있는 것이 그대로 보였다. 본인은 전혀 신경 쓰지 않는 눈치였지만 내가 괜히 창피했다. 그 후에도 브래드는 바지런히 주문을 받고 베이글을 서빙하면서 요다 곁을 떠나지 않았다. 두 사람은 뭔가 친밀하게 이야기를 나누었다. 나는 신경 쓰지 않으려 애썼다.

'나와 브래드가 힘을 합하다니, 무슨 말도 안 되는 소리야. 그런 일은 절대 있을 수 없어.'

○ ○ ○
넘어져도 일어날 수 있는 힘

　요다가 갑작스럽게 모멘트를 방문한 전날, 나는 여느 때처럼 뉴헤이븐의 지하 연구실을 찾았다. 나는 요다에게 좋은 소식과 나쁜 소식 각각 하나씩을 말했다.
　먼저 좋은 소식은 모멘트가 새로 태어나고 있다는 것이었다. 모멘트의 스태프 모두 피부로 느낄 수 있을 정도로 변화하고 있었다. 내가 처음 모멘트에 갔을 때 그곳의 분위기는 축 가라앉아 있었다. 활기도 친절함도 찾아볼 수 없는 스태프, 맛없는 음식, 비효율적인 운영⋯⋯. 그런데 지금은 완전히 달라졌다. 가게 안은 깨끗하게 청소된 상태이고 스태프들의 움직임도 민첩하다. 카를로스의 실수는 거의 찾아볼 수 없고 도모미와 다이아나도 상냥한 미소로 손님을 대한다. 확실히 마인드풀니스 명상을 한 보람이 있었다. 이런 표면적인 변화와 함께 가게의 매출도 눈에 띄게 늘어났다. 최근 4주 동안 연속으로 매출이 늘었다. 이런 추세라면 모멘트는 예전의 모습을 되찾을 수 있을 것 같았다. 모든 신호가 긍정적이었다. 그리고 나쁜 소식은….

"흐음, 위기라고 해야 하나……."

나의 이야기를 들은 요다는 조용히 말했다.

나는 억울하기도 하고 걱정도 되었다. 이제 곧 모멘트가 옛 모습을 되찾을 수 있을 것 같은데, 가게에서 불과 50미터 떨어진 곳에 대형 카페 프랜차이즈 매장이 들어온다니. 그 프랜차이즈 역시 베이글을 중심으로 한 메뉴로 인기가 많은 곳이라 더 답답했다.

그곳이 문을 열면 모멘트에 오는 손님을 빼앗길 테고 당연히 매출에도 타격을 입을 것이다. 지극히 낙관적으로 생각해도 운영 효율을 모색하기 위해 임금 삭감, 경우에 따라서는 구조조정이 필요할 수도 있었다. 그렇게 되면 스태프들의 의욕은 분명 저하될 것이다. 과연 이 충격을 모멘트의 스태프들이 견뎌낼 수 있을까. 고민이 꼬리를 무는데 요다가 내게 물었다.

"나쓰, 회복탄력성resilience이라는 말을 알고 있나?"

회복탄력성에 대해서는 나도 조사해본 적이 있었다. 본래 '복원력'을 의미하는 물리학 용어인데 하중이 가해져 변형된 물질이 원래 모양으로 돌아가려는 힘을 말한다. 이 단어가 긍정심리학Positive psychology 분야에 접목되면서 스트레스에 대처하는 마음의 힘, 마음을 평소 상태로 되돌리려는 힘을 의미하게 되었다. 회복탄력성이 낮은 마음은 일정한 힘이 가해지면 맥없이 꺾여버리지만 회복탄력성이 높아지면 쉽게 꺾이지 않는 대나무처럼 유연한 마음을 가질 수 있다.

나는 내가 알고 있는 대로 요다에게 이야기했다. 요다는 흡족한 듯 고개를 끄덕이며 말했다.

"그래, 그 말대로야. 자연 재해, 9.11 테러 같이 사회 전반에 걸쳐 형성된 트라우마는 물론, 개인 차원의 스트레스를 극복할 때에도 인간의 회복탄력성은 중요하지. 회복탄력성은 마음의 평온을 유지하는 능력이야. 그러니 어찌 보면 뇌 휴식의 기초를 이룬다고 볼 수 있지."

요다는 자료를 몇 가지 들여다보고는 내게 물었다.

"전쟁터에서 사람들의 죽음을 목격하고 폭격, 파괴 행위를 경험한 군인은 퇴역 후 다양한 트라우마로 고통을 받는데, 똑같은 경험을 했어도 스트레스를 극복하는 사람과 그렇지 못한 사람이 있어. 모두 회복탄력성의 차이지. 나쓰, 회복탄력성을 높이려면 어떤 방법이 있는지 알아?"

"음……, 일반적으로는 낙관적인 생각을 많이 하는 게 좋다고 알고 있어요. 그리고 사람들과의 교류, 사회적 지지social support가 회복탄력성을 강하게 한다는 이야기도 들었어요."

회복탄력성

영국 UCL대학의 탈리 샤롯Tali Sharot 교수 연구팀은 실험 대상자들을 두 그룹으로 나눠 각각 비관적인 미래와 낙관적인 미래를 상상하도록 했다. 그런 다음 자기공명영상으로 관찰했는데 그 결과 낙관적인 미래를 상상한 그룹 뇌의 전방대상피질의 활동이 변화했다는 것을 밝혀냈다.[1]

전방대상피질은 우울증 환자의 경우 거의 활동하지 않는 뇌 부위로[2] 낙관적, 긍정적 사고방식이 스트레스에 강한 유연한 마음을 만드는 데 도움을 준다는 것을 찾아낸 것이다. 샤롯 교수는 낙관주의적 사고는 인간 진화의 산물이며 낙관주의가 스트레스를 줄여 건강에 도움을 주고 인간이 새로운 모험을 감행할 수 있도록 돕는다는 사실을 밝힌 바 있다.

한편 사회적 지지는 신체적, 정신적 건강을 유지하는 데 매우 중요한 역할을 한다. 특히 질 높은 사회적 지지는 스트레스 호르몬을 만들어내는 시상하부 – 뇌하수체 – 부신 회로를 억제한다는 연구 결과도 있다. 오즈베이Ozbay 박사 연구팀은 사회적 지지가 스트레스에 대한 회복력을 증가시켜, 심리적 외상으로 인해 정신병리가 발전되지 않도록 보호막이 되어주고, PTSD, 해리 장애, 우울 장애와 같은 트라우마 관련 질환으로 인한 뇌 기능 손상을 막아준다고 발표했다.[3] 또 우울증에 걸리기 쉬운 유전자형을 가진 아이가 학대를 당한 경우에도 사람들과 안정적인 교류를 했을 때 발증 위험이 낮아진다는 연구 결과도 있다.[4]

나는 기다렸다는 듯 대답했다. 요다가 미소를 지으며 말했다.

"슈퍼! 나쓰 말대로 타인과의 지속적이고 폭넓은 교류, 혹은 같은 처지에 있는 사람과의 교류가 회복탄력성에 긍정적인 작용을 한다고 해. 회복탄력성의 임상연구를 주도한 데니스 차니도 베트남에서 포로로 잡힌 병사들이 탭 코드(벽을 두드려 교신하는 방법)를 사용해 독방의 벽 너머로 서로 의사소통하며 격려했다는 점을 지적했어.[5] 이것도 일종의 사회적 지지라고 할 수 있을 거야. 차니는 그 외에도 고난을 성장의 기회로 받아들이는 사고의 유연성, 신앙심, 선한 의지를 비롯한 윤리기준과 신념 등이 회복탄력성에 도움이 되는 특성이라는 연구 결과를 발표했지."

"그렇군요. 회복탄력성이 있으면 낙천적인 생각을 키울 수 있고 강화할 수 있는 거네요."

"그렇지! 역시 나쓰는 언제든 연구에 복귀할 수 있을 것 같아. 그런데…… 중요한 것을 하나 잊고 있어."

나는 침을 꿀꺽 삼켰다.

"마…… 마인드풀니스?"

"슈퍼!"

요다가 환하게 웃어 보였다.

9장 역경에 흔들리지 않는 마음 191

○ ○ ○

회복탄력성을 기르는 마인드풀니스

요다는 회복탄력성의 뇌과학 원리는 마운트 사이나이 의대에서 이루어진 일련의 연구로 상당히 많은 부분이 해명되었다는 것을 이야기해주었다.[6]

"가령 쥐를 대상으로 한 실험이 있어. 먼저 실험용 쥐들을 공격성이 있는 쥐와 일정 기간 같은 우리에 넣어서(단, 신체적 접촉은 없다) 스트레스를 받게 했어. 스트레스를 받은 후에도 공격적인 쥐에게 먼저 접근할 수 있는 쥐와 그렇지 못한 쥐를 대조군으로 설정했지. 즉 회복탄력성이 있는 쥐와 마음의 복원력이 없는 쥐를 비교하는 실험을 한 거지. 그럼 마음이 쉽게 꺾이지 않는 쥐, 그러니까 회복탄력성이 있는 쥐에게 어떤 변화가 일어났을까?"

"글쎄요……."

"보통 심한 스트레스를 받으면 뇌의 도파민계 신경이 활성화돼. 그런데 회복탄력성이 있는 쥐의 경우 디폴트 모드 네트워크와 관련된 뇌 부위가 활성화되어 뇌 내 균형을 찾으려는 활동이 일어났어."

요다는 나를 한 번 보고는 진지하게 설명을 이어갔다.

"이때의 뇌내 메커니즘 변화는 마인드풀니스에 의한 스트레스 저감 구조와 상당히 비슷해. 다시 말해 스트레스 상황에서 회복탄력성이 있는 쥐의 뇌에서 활성화되는 부위가 마인드풀니스를 통해 강화되는 뇌 부위와 일치한다는 뜻이야."

"그러니까 마인드풀니스가 회복탄력성을 높이는 효과도 있다는 건가요?"[7]

"그렇지. 지금까지 나쓰와 내가 함께 공부해온 대로 마인드풀니스에 의한 스트레스 반응 통제와 스트레스 호르몬 조정까지 포함시켜보면 그럴 가능성이 충분히 있지."

○ ○ ○

역경에도 안정을 유지하는 평정명상

"자, 그럼 오늘은 마음의 회복탄력성을 단련하는 평정명상Equanimity을 한번 해보도록 하지."

요다의 말이 끝나자마자 나는 평소처럼 의자에 앉아서 호흡에 집중했다. 얼마쯤 지나자 모멘트의 미래에 대한 생각이 떠올랐지만 의식을 다시 호흡에 집중했다. 호흡이 10분쯤 이어졌을 때 요다가 말을 걸었다.

"으음, 그럼 신경 쓰이는 일, 불안한 일을 마음에 그려봐. 불안을 불러냈으면 속으로 이런 문장을 읊어보도록해. 먼저 '세상은 그런 거다', 그리고 '어떤 일이 있든 그대로 받아들일 수 있게 되기를…'이라고 말이야. 이 말을 반복해봐."

나는 요다를 한 번 쳐다보고는 고개를 끄덕였다. 요다가 가만히 나를 지켜보고 있었다. 굳이 불안을 불러내지 않아도 사실 아까부터 여러 차례 모멘트에 대한 걱정이 머릿속을 어지럽히고 있었다. 이걸 있는 그대로 받아들이라는 걸까.

머릿속이 복잡해지려고 할 때 요다가 다시 말을 했다.

"그렇게 말하면 스트레스에 저항하는 마음 사이에 균형을 만들어낼 수 있어. 물론 디폴트 모드 네트워크가 지나치게 활성화되는 것도 진정되고 말이지. 물론 그렇게 하는데도 평정이 찾아오지 않을 수도 있어. 그래도 괜찮아. 지금은 그렇다는 걸 받아들이기만 하면 된다네."

나는 가만히 고개를 끄덕이고는 명상에 집중했다. 한참 그러고 나니 요다가 다시 이야기를 시작했다.

"역경에서 어떻게 자신을 지켜낼 수 있을까. 어떻게 흔들리지 않을 수 있을까. 이건 사실 누구에게나 인생의 큰 과제야. 중요한 건 대개 역경은 미래에 대한 불안보다, 그러니까 그 실체보다 대부분 부풀려진다는 거지. 눈앞의 문제는 어쩌면 그 자체로는 큰 문제가 아닐 수도 있어. 물론 큰 문제일 수도 있지만 대개의 경우 마음의 회복탄력성으로 버텨내지 못할 정도로 가해지는 압력은 지금, 여기에는 없는 것에서 오는 거야. 다시 말하면 지금, 여기에 집중하는 게 마음의 복원력을 높이는 가장 간단한 방법인 거야."

요다는 녹차를 한 모금 마시고는 이야기를 이어갔다.

"나쓰, 울트라 마라톤에 대해 알아? 일반 마라톤 경기 구간 이상을 달리는 스포츠야. 이런 가혹한 경기에 도전하는 선수들의 심리는 회복탄력성의 본질과 통하는 부분이 있어. 지속성, 끝없는 호기심, 실패를 두려워하지 않는 마음, 대담함, 고통을 견디는 힘 등 다양한 특성이 있는데,[8] 한 가지 공통적인 건 '눈앞의 한 걸음 한 걸음에 초점을 맞추는 힘'이 있다는 거야. 너무 거리가 길어서 고통스러운 경기에 지쳐 쓰러지지 않고 마지막까지 완주하기 위해서는 일부러 먼 곳을 보지 않고 지금, 여기에 초점을 맞추는 능력이 중요하거든. 마인드풀니스는 그렇게 달리면서 쉬기 위한 최고의 방법이야."

'지금, 여기에 집중하여 마음의 회복력을 높인다.'

나는 요다의 말대로 일상에서도, 모멘트의 일에 있어서도 현재에 집중해야겠다고 생각했다.

'확실히 모멘트의 미래는 밝지 않다. 곧 경쟁 매장이 문을 여는 상황에서 오히려 미래는 어둡다고 말하는 것이 정확하다. 하지만 그렇다고 해서 미래를 불안해하며 고민하는 것은 어리석은 일인지 모른다. 오히려 의미도 없이 나 자신을 지치게 할 뿐이다. 이대로는 안 된다는 것을 알았으니 대책을 강구하면 된다. 아무 행동도 시작하지 않은 채 일일이 걱정하고 고민할 필요는 없다.'

나는 그렇게 마음을 다잡았다. 그러자 놀라울 정도로 마음이 한결 가벼워졌다.

· · ·

다음날 아침 미팅에서 나는 모두에게 현재 상태를 간단히 설명했다. 대형 프랜차이즈 카페가 우리 매장 근처에 오픈할 예정이라는 것, 그로 인해 모멘트의 매출은 단기적으로 하락할 것이고 그 상태가 지속되면 경영이 어려워진다는 것을 이야기했다. 그리고 마지막으로 이렇게 덧붙였다.

"뭔가 대책이 필요한 것은 확실해요. 그러나 당장은 지금, 여기의 일, 지금, 여기에 있는 손님을 생각하죠. 아직 일어나지 않은 일을 걱정하느라 여러분의 귀한 에너지를 소모할 필요는 없어요. 진짜 혁신을 위해 마음의 여력을 남겨놓기로 해요!"

나의 말이 전해졌는지 어땠는지 확실한 반응은 없었다. 그 자리에서 노골적으로 떠드는 사람은 없었지만 경우에 따라서는 내일부터 새 일자리를 찾는 사람도 있을지 모른다.

미팅이 끝나자 다이아나가 말을 걸었다.

"우리, 예전의 연대감을 다시 느끼고 있는 것 같아. 세르게이가 있었던 시절의 모멘트처럼 말이야. 나쓰, 당신 덕분이야!"

세르게이. 모멘트에서 두 번째로 그의 이름을 들은 거였다. 모멘트의 공동 창업자였던 그와 큰아버지 사이에 대체 무슨 일이 있었던 걸까.

"다이아나, 미안한데 오늘 가게 문 닫고 시간 좀 내줄 수 있어요? 예전 일에 대해서 듣고 싶은 게 있어요."

MINDFULNESS

10

심신의
진정한 휴식을 위하여

우리의 몸을 지배하는 뇌 습관 길들이기

몸의 피로감이 밀려들 때는 그 부위에 주의를 기울여라.
몸 전체를 살피면서 어떤 식으로 감각이 바뀌는지
그 변화를 놓치지 않는 것만으로도
피로감이 완화될 수 있다.

"으음, 그러니까 모든 것이 큰아버지와 세르게이 사이가 나빠지면서 시작된 거다? 나쓰는 그렇게 보는 거지?"

"네, 맞아요."

나는 다이아나로부터 들은 이야기의 전말을 요다에게 전했다. 모멘트 창업 때부터 일했던 스태프는 다이아나뿐이었는데 그녀는 정말 많은 걸 알고 있었다.

젊은 시절 큰아버지는 미국에서 여러 일에 손을 댔고 그때마다 실패했다. 하지만 모멘트는 달랐다.

모멘트가 잘될 수 있었던 데는 세르게이의 도움이 컸다고 했다. 그는 모멘트의 전신이었던 가게에서 주방장으로 일하면서 큰아버지와 만났다. 뛰어난 판단력과 행동력을 겸비한 큰아버지와 요리사 출신이고 성실한 세르게이, 그야말로 환상의 조합이었다. 유대인 주인에게서 가게를 사들인 이래 큰아버지와 세르게이의 모멘트 운영은 순조로웠다.

"그 무렵에는 요시로도 지금과는 완전히 달랐어. 장사도 정말 잘됐고 모두 활기 넘쳤지. 세르게이가 있었던 때는……."

다이아나는 눈을 가늘게 뜨며 당시를 회상했다.

모멘트를 오픈하고 5년쯤 지났을 무렵부터 일이 조금씩 틀어지기 시작했다. 모멘트의 경영이 어려웠던 것은 아니다. 그러나 모멘트를 더욱 확장하고 싶었던 큰아버지의 바람과는 달리 매출이나 수익은 더 이상 성장하지 않았다. 어떤 방법을 써도 일시적으로 매출이 반짝 오르는 일이 있을지언정 꾸준한 이익은 내지 못했다.

이대로는 경쟁 가게를 이길 수 없다고 생각한 큰아버지는 베이글 가격을 내리고 동시에 재료 구입비를 줄이려고 했다.

그때 세르게이가 큰아버지 생각에 반대를 하고 나섰다. 서로 힘을 합해 가게를 이끌어온 세르게이에게 정면으로 반박당하자 큰아버지는 더욱 완고해졌다. 경쟁 가게를 이기고 싶어하는 경영자와 베이글의 품질에 있어선 타협을 허락하지 않은 요리사의 대립은 날이 갈수록 심해졌다. 그리고 가격 인하와 경영

합리화를 단행한 큰아버지는 그 시점에서 세르게이를 해고했다. 원래 요리사로서 자부심이 강해 모든 것을 정리할 생각이었던 세르게이는 결국 모멘트를 떠났다.

이것이 1년 전 모멘트에서 일어난 일이다. 큰아버지가 내린 판단이 옳았는지 어땠는지 경영 초보인 나로서는 알 수 없다. 분명한 사실은 결과적으로 모멘트의 매출이 급속히 하락했다는 것이다. 메뉴의 가격을 내렸는데도 손님은 늘지 않았고 베이글의 맛이 떨어진 탓에 단골손님의 발길도 끊겼다. 세르게이를 따랐던 스태프들은 그를 몰아낸 큰아버지를 원망했고 그로 인해 가게 분위기는 더욱 어색해졌다. 그 와중에 가게 주인의 조카라는 자가 갑자기 나타나 '모멘트를 다시 일으키겠다'며 휘젓고 다닌 꼴이었다.

"모멘트가 피폐해진 최악의 시기에 나타난 개혁가, 그게 나쓰였던 거군, 후하하하."

가만히 나의 이야기를 듣고 있던 요다는 유쾌하게 웃었다. 여전히 아픈 곳을 찌르는 말이었다.

"나쓰, 아마도 지금 가장 힘든 사람은 요시로 씨일 거야. 겨우 자리 잡은 가게를 자신의 실수로 망쳐버렸고 소중한 파트너까지 몰아냈으니까. 그렇게 생각하지 않아? 인간은 경쟁하는 동물이야. 늘 자신이 우위에 서고 싶어 하지. 요시로 씨는 지고 싶지 않았을 거야. 경쟁점에도, 세르게이에게도 말이야."

요다는 잠시 생각을 하더니 곧이어 말을 이었다.

"그리고 경쟁에 지고 싶지 않다는 기분만큼 우리 뇌를 피폐하게 만드는 것은 없지. 요시로 씨는 지금 우울 상태일지 몰라."

요다의 말에 정신이 번쩍 들었다. 듣고 보니, 큰아버지는 모든 상황에 가책을 느껴 실망했을지도 모른다. 그렇게 생각하니 그가 왜 그렇게 무기력했는지 알 것 같았다. 뇌의 휴식, 즉 마인드풀니스가 누구보다 필요한 것은 큰아버지였다.

○ ○ ○

관계 회복의 효과

"지난주에 회복탄력성에 대한 이야기를 하면서도 사회적 지지의 중요성을 이야기했었지. 타인과의 교류는 행복에도 큰 영향을 미치지. 사람들과의 긍정적이고 안정된 교류가 기억 기능, 그리고 수명에도 영향을 미쳤다고 해. 지금까지 소원하게 지낸 사람에게 연락을 하는 것도 긍정적인 효과를 가져올 수 있다고 하고. 그러니 나쓰의 말대로 큰아버지에게 지금 필요한 건 세

인간관계와 행복의 상관관계

하버드대학교 조지 베일런트 박사 연구팀은 하버드대 2학년생 268명, 일반인 남성 456명, 여성 천재 90명, 총 724명을 대상으로 1938년부터 75년간 종단연구를 실시했다.[1] 그 결과 무엇이 우리를 행복하게 만드는지에 관한 연구는 주목할 만한 연구 결과를 내놓았다. 연구 결과, 행복도를 높이는 인자는 개인의 건강 상태보다 타인과의 질 높고 안정적인 교류였다. 지역 사회의 클럽에서 활동하는 등 사회적인 교류를 지속한 사람의 경우 그렇지 않은 사람에 비해 기억 기능이 더 높았고, 수명 역시 길었다고 한다.

르게이와의 관계를 회복하는 것일지도 몰라."

요다의 말을 들으면서 화가 났다.

'한심해! 미국까지 와서 이게 뭐야. 결국 패배자잖아.'

솔직히 말해 나는 큰아버지처럼 될까 겁이 났다. 나 역시 누구보다 남에게 지기 싫어하는 성격의 소유자이다. 순간 나를 비웃던 브래드의 얼굴이 떠오르면서 분하고 억울한 감정이 밀려왔다. 그때 갑자기 며칠 전 일이 생각났다.

"선생님! 그건 그렇고 왜 지금까지 말해주지 않으셨어요?"

"말해주지 않다니, 무얼?"

요다는 나의 추궁에도 끔쩍하지 않고 새침한 얼굴로 머리를 긁적였다.

"얼버무리셔도 소용없어요. 브래드 말이에요. 가게에 오셨을 때 알았어요. 이전부터 브래드를 알고 계셨죠? 왜 제게는 숨기셨어요?"

나는 좀 더 몰아부쳤지만 요다는 전혀 당황하지 않았다.

"하하하, 브래드를 좀 알긴 하지. 딱히 숨길 생각은 없었어."

"브래드에게 제가 웃음거리가 된다는 걸 아시면서도 어떻게 그렇게 태연하실 수 있어요? 결국 선생님도 브래드 편이에요!"

○ ○ ○

마인드풀니스가 고통을 치유하는 과정

거기까지 말했을 때 갑자기 통증을 느꼈다.

"으윽, 아아⋯⋯."

사실은 며칠 전부터 위통이 있었다. 스트레스성이다. 나의 상태를 알아차린 요다가 말했다.

"브래드 일은 다음에 다시 말하기로 하지. 그나저나 나쓰, 위통이 있는 모양인데 오늘은 몸의 감각에 초점을 맞추는 방법을 가르쳐줄게. 그 전에 몇 가지 연구를 소개하지."

요다는 태블릿을 꺼내 천천히 논문을 고르기 시작했다.

"새삼스럽게 말할 것도 없지만, 마인드풀니스는 신체에도 효과적이야. 뇌의 상태를 변화시킴으로써 간접적으로 신체의 문제를 해결하는 거지. 예를 들어 마인드풀니스의 대표 연구자인 존 카밧진은 1970년대부터 만성통증, 건선(피부질환), 안면홍조(얼굴이 화끈거리고 달아오르는 갱년기 증상), 섬유근통증후군 등 다양한 신체 문제에 마인드풀니스 스트레스 저감법이 효과적이

마인드풀니스와 신체적 안정

텍사스태크대학교의 탕이안과 뮌헨공과대학교의 브리타 홀젤Britta Holze, 브뤼셀대학의 마이클 포스너 박사 연구팀은 실험 대상자들을 5일 동안 마인드풀니스를 통한 스트레스 감소 프로그램에 참가시키고 참가 전과 후에 각각 자기공명영상으로 뇌를 관찰하였다. 그 결과 부교감신경의 활동이 증가한 것을 확인했다. 즉 신체를 안정된 상태로 유지하는 뇌내 기능이 활성화된 것이다. 인지와 감정, 자율신경계 조정을 담당하는 뇌의 전방대상피질이 활성화된 것이다.[2]

라고 주장했지. 가령 자외선을 이용한 건선 치료에 마인드풀니스를 겸했더니 증상이 3배나 빠르게 개선되었다고 해.[3] 그리고 몸과 마음을 잇는 자율신경에도 마인드풀니스가 긍정적인 영향을 미친다고 해. 마인드풀니스가 몸을 안정적인 상태로 유지하는 데 영향을 미쳤다는군."

요다는 뇌의 상태는 자율신경과 호르몬을 통해 몸에 반영된다. 몸과 마음은 연결되어 있다. 그렇기 때문에 내 위통에도 마인드풀니스가 효과적이라고 말하고 싶은 것이다.

요다는 설명을 계속했다.

"그런 이유로 마인드풀니스는 통증에도 효과적인데, 왜 마인드풀니스로 통증이 개선될까? 일반적으로 마인드풀니스를 하면 통증 조절에 관계하는 전방대상피질과 섬피질의 활동이 증가하고 신체의 감각을 관장하는 감각 영역의 활동은 저하되지. 이것이 마인드풀니스가 통증에 효과적인 단기적인 메커니즘이야. 단 흥미로운 것은 마인드풀니스를 오랫동안 해온 사람의 경우 전두엽의 활동은 감소하고 섬피질과 감각 영역의 활동은 오히려 증가한다는 것도 확인되었어. 마인드풀니스를 지속적으로 실천한 사람의 뇌는 통증을 전두엽에서 의식적으로 조절하기보다 통증 자체를 받아들이면서 대처할 가능성이 있다는 거야. 불안에 대처할 때도 전두엽이 편도체를 위에서 아래로

억제하는 것이 아니라 양자가 균형을 이루는 관계가 생겨난다는 이야기를 했는데, 통증에 대해서도 같은 형상이 실현되는 거지. 정말이지 뇌는 별스러워."[4]

○ ○ ○

몸의 생기를 되찾아주는 바디 스캔

마지막으로 요다는 통증 조절에 효과적인 마인드풀니스 방법인 바디 스캔Body Scan을 가르쳐주었다.

간략히 정리하면 다음과 같은 순서다.

바디 스캔의 과정

① 누워서(의자에 앉아도 된다) 눈을 감고 몸이 침대·바닥·의자에 닿는 감각과 중력의 감각에 의식을 집중한다. 호흡과 함께 배가 수축·이완되는 느낌에 주의를 기울인다.

② 왼쪽 발가락 끝에 주의를 집중해 발이 신발이나 양말에 닿는 느낌, 옆 발가락과 맞닿는 느낌 등 발가락 끝의 여러 감각에 주의를 기울인다.

③ 발가락 끝부터 '스캔'한다. 숨을 들이쉴 때는 공기가 코를 통

해 들어와서 몸속을 통과해 왼쪽 발가락 끝으로 지난다는 상상을 한다. 숨을 내쉴 때는 왼쪽 발가락 끝에 있는 공기가 몸속을 지나 코를 통해 나가는 것을 느끼거나 상상한다.

요다는 이 과정을 몸의 각 부위에 대해 똑같이 하는 것이 좋다고 했다. 그렇게 말하면서 한마디 덧붙였다.

"바디 스캔은 전에 알려준 브리딩 스페이스의 전신全身 버전이라고 할 수 있어."

요다는 얼굴을 있는 힘껏 구기며 웃었다.

"신체의 각 부위에 호기심을 기울이고, 그곳의 감각을 인식하는 거야. 나쓰, 통증이 있는 위에 의식을 집중해봐."

나는 요다의 말대로 위통에 주의를 기울였다.

"무엇이 느껴지지? 가령 통증은 계속 일정해?"

위통은 정도의 차이가 있고, 일정하지 않았다. 사실 지금까지 위통이 밀려들 때마다 '여기서 포기할 수 없다'는 기분 때문에 이 통증을 가능한 직시하지 않으려고 했다. 그런데 직시하니 오히려 뭔가 편안해지는 것 같았다.

"바디 스캔은 통증뿐 아니라 근육 뭉침이나 나른함 같은 피로감에도 효과가 있어. 피로를 느끼는 부분, 가령 목이 뻐근하면 그곳에 주의를 집중하는 거야. 스캔하는 중에 어떤 식으로 감각이 바뀌는지, 그 변화까지 놓치지 않는 것이 중요해."

"혹시 인지요법적인 효과인 건가요."

"그렇지! 맞아."

요다는 살며시 웃어 보였다.

일본에 있을 때부터 만성적인 어깨 결림으로 고생했는데 어쩌면 이건 '이 어깨 결림은 영원히 계속될 거다'라는 인지 왜곡이 포함되어 있을지도 모르겠다는 생각이 들었다. 어쩌면 그 생각을 바꾸는 데도 바디 스캔이 효과가 있지 않을까?

그날 이후 나는 종종 바디 스캔을 해보았는데 그 효과에 매번 놀라곤 했다. 위통도 완화되었고, 무엇보다 몸 전체가 온천에라도 다녀온 것마냥 개운하고 가벼워졌다.

'마인드풀니스는 최고의 휴식법'이라는 요다의 말이 조금은 현실적으로 느껴졌다.

· · ·

"큰아버지, 1년 전 일은 들었어요. 세르게이 이야기도."

한 주가 시작되는 월요일 이른 아침, 나는 큰아버지와 마주 앉았다.

"다 지난 일이다. 그도 이곳에 없고. 게다가 그가 없어도 가게는 돌아가. 네가 와줘서 가게가 달라진 건 부정하지 않아. 하지만 예전 일까지 들춰내진 않았으면 좋겠구나."

큰아버지는 노골적으로 불쾌한 표정을 지었다. 평소 무표정한 그에게선 좀처럼 찾아보기 힘든 감정적 반응이었다.

"가게가 돌아간다고요? 하지만 경쟁 가게가 오픈하면 그런 말 못 하실 거예요. 큰아버지도 아시잖아요. 지금 모멘트에는 세르게이가 필요하다는 걸요."

"그만해! 이런 가게, 어떻게 되든 알 바 아냐!"

평소의 무기력한 큰아버지의 모습으로는 상상할 수 없는 큰 소리에 나도 모르게 몸이 움츠러들었다. 그러나 갑작스런 큰소리에 누구보다 놀란 것은 큰아버지 자신이었다. 손질하지 않은 수염으로 덮인 입가가 가늘게 떨렸다. 나는 다시 마음을 가다듬고 조용히 말했다.

"저는 모멘트를 진심으로 다시 일으키고 싶어요. 실패뿐인 인생은 질색이에요. 큰아버지도 힘들게 얻은 기회였잖아요. 그런데 왜 그걸 날려버리려는 거죠? 왜 세르게이에게 '다시 한 번 해보자'고 말하지 못하는 거예요?"

한동안 침묵이 흘렀다. 주방 냉장고 팬이 돌아가는 소리만 들렸다. 얼마나 시간이 흘렀을까. 큰아버지는 눈물을 흘리며 나직이 말했다.

"나도 알아. 반 이상은 나의 쓸데없는 고집이 원인이라는 건…… 그렇지만……."

큰아버지는 여전히 주저하는 것 같았다.

"세르게이는 네 아버지와 나이가 같아. 성실하고 똑 부러지는 성격도 똑같아. 너도 알다시피 일본에서는 절이 가업인데, 아무리 장남이라 해도 나는 그 가업을 잇기 싫었어. 그래서 미국으로 도망쳤지. 성실한 네 아버지는 그런 나를 대신해 절을 맡았고. 나는 네 아버지에게 늘 빚을 진 기분이었다. 그래서 세르게이가 반론을 제기했을 때 '형으로서 도저히 질 수 없다'는 생각이 강했어. 한심해, 정말……."

의자에 주저앉아 고개를 숙인 큰아버지 앞에서 나는 그냥 서 있을 수밖에 없었다. 할 말이 생각나지 않았다. 그러나 큰아버지의 기분은 내가 고통스러울 정도로 공감이 되었다. 결국 큰아버지도 나와 같은 과제를 안고 있었던 것이다.

순간 '딸깍' 하고 준비실의 문이 열렸다. 그곳에는 다이아나와 세르게이가 서 있었다. 큰아버지는 이전에 한 번도 보지 못한 놀란 표정을 지었다.

말문을 먼저 연 건 세르게이였다.

"미안해, 요시로."

그는 문 뒤에서 나와 큰아버지의 대화를 듣고 있었던 것 같았다. 물론 일본어로 대화했기 때문에 내용은 알 수 없었겠지만 큰아버지의 표정을 본 순간 모든 것을 알아차린 것 같았다. 세르게이의 사과에 큰아버지의 눈에는 눈물이 고였다. 그는 문으로 천천히 걸어가 세르게이를 안았다.

"아니야, 내가 미안해. 내가 잘못했어. 세르게이, 다시 돌아와줘. 부탁이야!"

다 큰 남자 둘이 서로 안고 울음을 터뜨렸다. 당황한 내가 시선을 돌리자 다이아나는 살짝 난처한 얼굴을 하면서도 가볍게 웃었다.

다이아나의 도움이 없었으면 두 사람의 화해는 실현되지 못했을 것이다. 사실은 요다의 강의가 있었던 다음 날, 다이아나에게 연락해 그녀와 함께 세르게이를 찾아갔다. 다행히 집에 있었던 세르게이에게 모멘트의 위기 상황을 설명하고 다시 힘을 보태달라고 부탁했다. 하지만 세르게이는 그 부탁을 완강히 거절했다.

상황이 바뀐 건 다이아나의 끈질긴 설득 덕분이었다. 그는 '요시로는 만나지 않는다'는 조건으로 가게 상황을 살피러 와준 것이었다. 거기에 여러 우연이 더해져 두 사람이 화해할 수 있었다.

주말에 발표된 '경쟁 가게 오픈'이라는 나쁜 소식도 있어서 인지 출근한 스태프들의 표정은 어둡고 힘이 없었다. 하지만 준비실에서 미팅을 하고 있을 때 세르게이가 깜짝 등장하자 그 어두운 분위기가 단번에 사라졌다. 평소에는 냉정하게 한 걸음 떨어진 곳에 서 있던 크리스도 눈물을 글썽였다. 하긴 다이아 나의 이야기로는 크리스가 누구보다 세르게이를 존경했다고 했다. 그런 크리스를 향해 세르게이는 활짝 웃으며 말했다.

　　"크리스, 다시 베이글을 만들자!"

　　크리스는 고개를 끄덕이고는 세르게이에게로 다가갔다.

　　그날, 세르게이가 복귀한 후로 모멘트는 활기가 넘쳤다. 내가 아는 그 어둡고 맥 빠진 베이글 가게는 어디 간 걸까. 앞으로 일어날 위기에 휘둘리지 않고 지금 눈앞의 재회를 기뻐하는 스태프들의 모습은 '순간(모멘트)'이라는 가게 이름에 어울리는, 마인드풀니스적인 모습이었다.

몸이 불편하거나 통증이 느껴질 때
바디 스캔

몸의 피로·통증을 뇌를 통해 개선한다

뇌의 상태는 자율신경과 호르몬을 통해 몸에 그대로 반영된다. 뇌에 피로가 축적되면 몸의 일부에 화끈거림과 피로감이 나타나고, 심한 경우에는 국소적인 통증이 발생한다. 마인드풀니스 명상은 단기적인 통증 억제뿐 아니라 통증에 대처할 수 있는 뇌 구조를 만드는 데 효과적이다.

① 누워서 호흡에 의식을 집중한다

④ 같은 방법으로 몸 전체에 의식을 기울인다

② 왼쪽 발가락 끝을 의식한다

③ 몸을 스캔한다

바디 스캔

효과

스트레스성 통증, 피부질환, 피부 홍조 및 열감熱感, 자율신경 조정

① 누워서 호흡에 의식을 집중한다

- 의자에 앉아서 해도 된다.
- 호흡으로 배가 팽창되었다가 수축되는 감각을 의식한다.

② 왼쪽 발가락 끝을 의식한다

- 발이 신발과 양말에 닿는 감각은 어떤지 의식한다.
- 발가락끼리 서로 맞닿는 감각은 어떤지 의식한다.

③ 몸을 스캔한다

다음과 같이 왼쪽 발가락 끝에서부터 '스캔'한다.

- 숨을 들이쉴 때: 코로 공기가 들어가 몸을 통과하여 왼쪽 발가락 끝으로 지 난다.
- 숨을 내쉴 때: 왼쪽 발가락 끝에 있는 공기가 몸을 지나 코를 통해 나간다.

④ 같은 방법으로 몸 전체에 의식을 기울인다

- 왼쪽 발가락 끝에서부터 왼쪽 허벅지로 스캔이 끝나면 오른쪽 다리, 좌우 팔, 머리, 복부도 같은 방법으로 스캔한다.
- 통증이 있는 부분을 관찰하여(통증의 세기·성질의 '불안정함'을 알아차린 다) 그 부분을 같은 방법으로 스캔한다.

포인트 --

- 어깨 결림과 전신 나른함에도 효과가 있다.

MINDFULNESS

11

최고의 휴식법이란 무엇인가

나에 대한 배려 회복하기

상대를 배려하는 것만큼 중요한 것은
나 자신을 배려하는 것이다.
진정한 휴식은 나를 배려하는 일이며,
다시 불타오를 수 있도록 불길을 내는 것이다.

"후하하하, 슈퍼! 나쓰에게는 이제 더 이상 말할 게 없는걸!"

주말에 연구실을 찾아가자 요다는 나를 필요 이상으로 치켜세웠다. 생각해보면 요다가 부정적인 말을 한 기억이 없다. 어릴 적부터 야단만 맞고 자란 나는 칭찬에 익숙하지 않다. 요다가 '슈퍼!' 하고 말할 때도 어떤 표정으로 어떻게 반응해야 할지 지금도 모르겠다.

"정말 기쁜 일이 있어요. 사실은 세르게이가 돌아온 다음날부터 크리스가 아침 명상에 참가했어요. 세르게이가 말한 건지 크리스도 거절하지 못했나봐요. 그리고 어제는 큰아버지도 시작했어요. '사장이니까 일단 경험은 해볼까'라면서요. 하하⋯. 역시 세르게이가 돌아오니까 가게가 달라졌어요. 무엇보다 베이글 샌드위치가 정말 맛있어졌어요. 선생님도 꼭 드시러 오세요."

요다는 기쁜 듯이 고개를 끄덕이면서도 약간 걱정스러운 표정을 지었다.

"그런데 나쓰, 브래드는 어때?"

'맞다!' 나는 한 대 얻어맞은 기분이었다. 사실 나는 브래드를 잊고 있었다.

"아, 브래드는 연구가 막바지에 달했는지 지난주 내내 쉬었어요. 그래서 아직 세르게이도 못 만났어요. 성격이 삐딱한 그도 분명 지금의 모멘트를 보면 뭐라 못 할걸요?"

"그렇군."

요다는 내 말에 짧게 답했다. 나는 요다에게 진지하게 내 소감을 말했다.

"선생님, 마인드풀니스의 힘은 위대했어요. 저도 모멘트에도 진정한 휴식이 필요했고요. 그렇기 때문에 '최고의 휴식법'인 마인드풀니스로 이렇게 바뀔 수 있었어요. 정말 힘든 것은 지금부터지만……. 선생님께는 진심으로 감사드려요. 감사해요, 그로브 교수님."

"후하하하, 인사받을 정도는 아니야."

칭찬받는 것이 어색한 건 나만이 아닌 듯했다. 요다는 얼굴을 붉히면서 상체를 구부리고 싱글거렸다. 덥수룩한 머리를 긁다가 정신을 차리고 평소의 강의 어투로 돌아왔다.

"그런데 나쓰, 주디 브라운Judy Brown이라는 작가가 쓴 〈불〉이라는 시를 알고 있어? 그걸 잠깐 읽어볼게."

불
불을 타오르게 하는 것은
장작 사이의 공간
숨 쉴 공간이다
너무 많은 좋은 것
너무 많은 장작을
바싹 붙여 쌓는 것은
오히려 불을 꺼뜨릴 수도 있다
한 바가지의 물이
거의 틀림없이
불을 꺼뜨리는 것처럼 그렇게

시를 다 읽은 요다는 차분한 목소리로 내게 말했다.

"조직이든 개인이든 성장하기 위해서는 노력과 인내만으로는 안 돼. 불을 타오르게 하려면 장작 사이의 '공간'이 필요하지. 나는 그것이 휴식이라 생각해. 그리고 비즈니스에는 비즈니스의 방법론이 있듯이 휴식에도 휴식의 방법론이 있어. 현대인들은 비즈니스의 전략을 추구할 뿐 휴식에 대해서는 진지하게 생각해본 적이 없었지. 휴양지에서 느긋하게 시간을 보내거나 하루 종일 뒹굴거리며 지내는 것이 휴식이라 착각하면서 말이야. 하지만 그런 걸로는 진정한 휴식을 취할 수 없어. 늘 경쟁에 내몰리는 현대인은 아주 사소한 일이 계기가 되어 이전의 모멘트 같은 상태에 빠질 수 있어. 뇌에 피로가 쌓이면 불을 타오르게 할 수 없지. 리먼 쇼크 이후 비즈니스 세계에서는 단기적인 이익을 지향하기보다 지속적인 수익성을 추구하게 되었거든. 휴식도 마찬가지였어. 임기응변의 긴장 풀기가 아니라 보다 근본적이고 장기적인 해결책을 찾게 된 거야. 그 최전선에 바로 뇌과학 성과와 연결된 마인드풀니스가 있지. 마인드풀니스는 단순한 기분 전환용이 아니라네."

요다는 빙긋 웃으며 녹차를 한 모금 마시고는 다시 말했다.

"이렇게 생각하면 세계의 엘리트들이 명상을 하는 이유를 알거야. 그들은 진짜 효과 있는 것에만 관심을 갖거든. 마인드풀니스는 아는 사람만 아는 '최고의 휴식법'인 거야."

내가 뇌과학을 연구하게 된 것은 '과학으로 사람의 마음을 치유하고 싶다'는 바람에서다. 그때마다 늘 생각했던 것이 주지

스님인 아버지였다.

'좌선? 불교? 명상? 그런 것으로는 사람을 치유할 수 없어!' 그렇게 비과학적인 것에 대한 반발심이 있었기 때문에 '사람의 마음을 치유하는 첨단 과학'을 찾으러 이곳 뉴헤이븐까지 왔다.

그러나 '첨단 뇌과학 vs 종교적인 것'이라는 대립 구도에는 무리가 있었다. 이 둘은 마인드풀니스에서 완벽하게 융합하고 있기 때문이다. 뜻밖에도 나는 자신이 강하게 원하던 것을 찾은 것일지 모른다.

○ ○ ○

다시 타오르기 위하여

"나쓰에게 가르쳐줄 것은 더는 없어. 전에 설명한 자비명상을 해볼까? 오랜만에 하는 건데 오늘은 '감사'의 마음을 키우는 자비명상 어때?"

우리는 의자에 앉아 명상을 시작했다. 10가지 감사를 마음속에 떠올렸다. 나는 모멘트 식구들을 생각했다. 물론 브래드도……. 그의 성격은 마음에 들지 않지만 가게의 스태프로서는 유능했다. 그의 상황 판단은 늘 정확했고, 고객을 대하는 데도 전혀 실수가 없었다.

"나쓰, 인간의 행복 인자 중 48퍼센트는 유전자로 규정되어 있다는 이야기를 들은 적 있어? 긍정심리학 연구에서는 그런 결과가 나왔나봐.[1] 후하하하, 상당히 충격적인 숫자라는 건 부정할 수 없지. 이걸 어떻게 받아들이느냐는 각자에 달렸지만 나머지 52퍼센트가 중요하다고 생각할 수도 있는 거니까."

조용히 눈을 뜬 요다가 말했다.

"하지만 결국은 얼마나 돈을 많이 벌 수 있나, 얼마나 성공할 수 있나, 그런 것들이 중요하다는 결론이 되지 않을까요?"

나는 틈을 두지 않고 곧바로 물었다.

"그런데 의외로 행복에 재산과 사회적 지위가 미치는 영향은 10퍼센트 정도야. 나머지 42퍼센트는 각자의 행동과 기분이란 것이지. 자신에게 주어진 42퍼센트, 즉 어떻게 사느냐에 초점을 맞추는 것이 중요하다고 할 수 있을지 몰라. 행복은 사람마다 다르니까. 그리고 행복도를 높이는 인자로 계속하여 등장하는 것이 감사하는 마음이야. 타인과 사회에 감사하는 사람이 행복도가 높다는 연구 결과가 있어. 뇌과학 분야에서도 데이터로 나와 있는데 감사하는 마음은 분노, 공포, 질투 등 여러 부정적인 감정을 없애주지."

다른 때보다 강의가 빨리 끝났다. 나는 요다의 연구실을 나왔다. 저녁 무렵의 캠퍼스는 인적이 드물었다.

문득 앞을 보니 벤치에 낯익은 사람이 앉아 있었다. 브래드였다. 그는 연구 때문에 이번주 내내 휴가 중이었다. 머리를 감싼 채 고개를 숙이고 있는 그를 보고 나는 잠시 멈칫했지만 조심스럽게 그에게 말을 건넸다.

"브래드, 어디 아파?"

브래드는 천천히 고개를 들어 눈을 뜨더니 힐끗 올려다보았다. 상당히 피곤한 얼굴이었다. 안색도 나쁘고 정신적으로 많이 지친 듯했다.

"논문은 잘 돼? 조금 피곤해 보여."

브래드는 작게 한숨을 내쉬더니 퉁명스럽게 대답했다.

"응, 피곤해. 가게 일만 하면 되는 누구하고는 달리 정말 바쁘거든."

독설은 여전했다. 이전의 나였다면 순간 발끈했을지 모른다. 그러나 자비명상 효과 덕분인지 마음이 동요하지 않았다. 요다가 말한 '전두엽과 편도체의 균형관계'가 만들어진 걸까.

"맞아, 브래드에 비하면 나야 한가하지. 그런데 요전에 그로브 교수님이 가게에 오셨잖아? 그때 생각한 건데 교수님과 이전부터 아는 사이지? 브래드답지 않게 굉장히 공손하던데?"

"하, 그야 그분은 특별하니까. 그쪽이야말로 매주 부지런히 교수님 연구실에 들락거리는 것 같은데, 그분이 얼마나 대단한 인물인지 어차피 모를 테니까."

일방적으로 단정짓는 말투에 나는 조심스레 답했다.

"교수님에 대해서는 일본에 있었을 때부터 알았어. 교수님의 논문도 꽤 많이 읽었고. 물론 외모가 요다를 닮았을 줄은 몰랐지만."

"지금이야 그저 마음씨 좋은 평범한 노인 같지만 예전에는 감히 근접할 수 없는 뛰어난 인물이었어. 인망도 있었고. 젊은 연구원들의 상담에도 잘 응해줘서 한때는 300명의 연구원을 통솔하는 지위에 있었는데……."

브래드는 뭔가 말하려다가 마음이 바뀌었는지 다시 쌀쌀맞은 표정이 되었다.

"그러니까 너는 그로브 교수의 지도를 받을 만한 자격이 없어. 베이글 가게에서 일하는 데 빠져 있는 너 같은 사람이 교수님의 귀한 시간을 빼앗는다고 생각하면 참을 수 없어."

무척 원색적인 비난이었지만 그래도 나는 그의 도발에 흔들리지 않았다. 무엇보다 그의 말이 크게 들리지 않았다.

"인정사정없이 내뱉는 건 여전하네. 그런 그렇고 브래드가 없으니까 홀이 너무 바빠. 항상 고마워. 다음 주에는 경쟁 가게가 오픈하니까 다시 열심히 해줬으면 좋겠어. 우선은 연구부터 잘 마무리하길 바랄게. 행운을 빌어!"

브래드는 내 말에 당황했는지 조금 겸연쩍은 표정을 짓고는 아무런 대답 없이 자리에서 일어나 연구동 쪽으로 걸어갔다. 내가 브래드에게 말한 건 한 치의 거짓 없는 진심이었다. 요다 교수와 자비명상을 하면서 나는 브래드에게 감사했다. 그것이 나도 모르게 말로 터져나온 것이었다.

나는 발걸음을 재촉하는 브래드의 뒷모습을 보면서 다시 한 번 "고마워" 하고 중얼거렸다.

° ° °

나와 상대에 대한 배려의 힘

월요일 아침, 모멘트의 미팅이 시작되었다. 오늘은 휴가에서 돌아온 브래드의 모습도 보였다.

"여러분, 좋은 아침입니다. 이번 주말 드디어 경쟁 가게가 오픈합니다. 그러나 우선은 눈앞의 손님에게 집중하세요. 그럼 각자 5분간 명상하겠습니다."

스태프들은 각자 의자에 앉아 호흡에 집중했다. 브래드도 아무 말 없이 앉아 있기는 했지만 명상에 참가할 마음은 없어 보였다. 스태프가 명상을 마친 것을 확인한 후 나는 종이 한 장을 꺼냈다. 거기에는 이렇게 쓰여 있었다.

'사람을 생각하는 베이글'

모두 어리둥절한 표정을 지었다. 나는 힘주어 말했다.

"모멘트가 나가야 할 방향에 대해서 곰곰이 생각했어요. 이런 상황에서 무슨 소리인가 싶겠지만, 이런 때일수록 '하나의 사명'을 공유하는 것이 중요하다고 생각했어요. 솔직히 처음 이곳에 왔을 때 어떻게 이런 가게가 문을 열고 있나 싶을 만큼 형편없었어요. 그런데 지금은 이렇게 원래 모습을 되찾아가고 있잖아요. 무엇이 잘못됐던 걸까, 무얼 잃어버렸었나, 매일 아침 이곳 명상 공간에서 마인드풀니스를 계속하면서 차츰 알게 됐죠. 결국 모멘트에 부족했던 것은 '배려'였다고 생각해요."

다들 내가 무슨 말을 하는 건지 알 수 없다는 표정을 지었다. 나는 자세를 고쳐잡고 이야기를 계속했다.

"그건 타인에 대한 배려만이 아니에요. 우린 자신을 배려하는 방법조차 모두 잊고 있었어요. 그래서 이 가게가 배려를 전하는 장소가 될 수 있지 않을까 생각했어요. 이상하게 들릴지 모르지만 여러분도 '사람을 생각하는 베이글'에 대해 생각해보았으면 해요."

준비실 분위기가 차분해졌다. 침묵을 깬 것은 카를로스였다.

"괜찮은데? '사람을 생각하는 베이글' 콘셉트로 신메뉴를 만들어보면 어떨까?"

그 한 마디가 요리사로서 자부심이 강한 크리스와 세르게이를 자극한 것 같았다. 차례로 새로운 메뉴에 대한 아이디어가 터져나왔다.

큰아버지, 다이아나, 도모미의 눈도 빛났다. 각자 '배려'라는 말을 자신의 마음속 어떤 것과 연결해보는 것 같았다. 불과 15분 만에 신상품의 기본 설계가 정해졌다.

"여러분 정말 고마워요. 경쟁 가게 오픈 전까지 메뉴화해서 조금이라도 단골손님을 늘려봐요."

나는 너무 감동하여 격앙된 목소리로 말했다. 박수 소리와 함께 준비실의 분위기는 더욱 훈훈해졌다. '사람을 생각하는 베이글'이라는 엉뚱한 아이디어에 이렇게까지 호응해줄 줄 몰랐다. '최고의 휴식법' 덕분에 나만 변화한 것이 아니다. 스태프들도 마인드풀니스를 통해 성장했기 때문에 이렇게 나의 비전을 공유해준다고 생각하니 더 벅찼다.

"나쓰, 정말 그걸로 어떻게 될 거라고 생각해?"

모두 하나가 된 자리에 찬물을 끼얹은 건 이번에도 브래드였다. 또 빈정대려는 건가. 결국 내 안에서 분노의 감정이 꿈틀거렸다.

"그 아이디어를 부정할 생각은 없어. 하지만 신메뉴를 출시하는 정도로는 손님의 관심을 끌기 쉽지 않을 거야."

브래드는 멈추지 않았다. 분했지만 그의 지적이 일리가 있다고 인정할 수밖에 없었다. 동네의 베이글 가게가 메뉴 하나를 추가한 것으로 대형 프랜차이즈를 대적할 수는 없다.

"······ 그래서, 내 연구를 써보면 어떨까 싶은데······."

'뭐?' 순간 나의 귀를 의심했다. '사람을 생각하는 베이글'을 발전시키기 위해 그가 아이디어를 내준다니 조금은 믿기 어려웠다.

브래드는 뇌의 활동을 상품 마케팅에 활용하는 뉴로 마케팅 (상품을 인지하거나 구입할 때 소비자 뇌에서 일어나는 반응을 측정하는 것으로 소비자의 심리를 해명하여 마케팅에 활용하는 기법)을 연구하고 있었다.

그는 MIT미디어연구실에서 개발한 바이오센서에 관해 이야기했다. 이 센서는 피부 전도성skin conductance(땀에 의한 피부의 전기전도성 변화) 같은 수치를 측정할 수 있고, 이를 통해 사람의 스트레스를 기록할 수도 있다고 했다.

또 스마트폰에 바이오센서 기능이 탑재된 특수필름을 붙여 실시간으로 사용자의 신체 정보를 수집할 수 있다고 했다. 정보는 위치 정보와 함께 순식간에 해석되어 그 지역에 있는 사람들이 전체적으로 어떤 기분인지를 알 수 있다는 것이었다. 이 기술이 보급되면 마치 일기예보 영상처럼 사람들의 감정을 지역별로 조감할 수 있는 것이다.

브래드는 이 기술을 이용해보자는 아이디어를 냈다. 가게 안에 카메라와 바이오센서를 탑재한 기계를 설치해서, 손님의 얼굴 표정과 심박수, 피부전도성을 측정하여 손님의 현재 기분을 알아보고 메뉴를 제안하는 것이었다.

'사람을 생각하는 베이글' 세트를 주문한 손님에게는 각각의 해석 결과에 따른 특별 사이드메뉴를 제공하자는 아이디어도 냈다. 우울한 기분인 사람에게는 부드러운 맛의 수프, 기분이 들떠 있는 사람에게는 차분해지는 허브티를 제공하는 거였다. 듣는 것만으로도 기대가 되었다. 브래드는 여기서 멈추지 않고 세트를 주문해서 먹은 사람들의 기분을 다시 바이오센서로 측정하여 데이터를 상품 개선을 위한 정보로 활용하자고 했다. 이것으로 이 메뉴는 더욱 '사람을 생각하며' 성장할 수 있다는 것이다.

뉴로 마케팅을 연구하고, 잘 아는 브래드만이 낼 수 있는 아이디어였다.

"그 연구, 특허 신청하지 않았어? 그걸 이곳에서 사용하게 해주겠다는 거야?"

"그래. 하지만 잘된다는 보장은 없어."

브래드는 시선을 피하며 무뚝뚝하게 대답했다. 그가 갑자기 협조적으로 나오는 것에 스태프 모두 놀랐다. 나는 그에게 진심으로 감사했다.

"우리 브래드의 아이디어대로 해봐요. 뇌과학 기술을 활용하면서 '사람을 생각하는 베이글'로 손님의 마음에 다가가면 분명 좋은 결과를 얻을 수 있을 거예요!"

• • •

가게 문을 닫고 퇴근하기 위해 주차장으로 향하는 브래드를 따라갔다.

"브래드, 정말 고마워. 좋은 아이디어 내줘서."

나는 고개를 숙이며 말했다.

"그런데 왜 도와줄 생각을 한 거야?"

"왜라니? 그건 내가 할 소리야. 왜 내 말에 화를 내지 않는 거지? 지난번에도, 지금도 '고맙다'며 고개를 숙이고 있잖아! 나는 정말 이해가 안 돼. 그로브 교수도, 너도."

생각지 못한 말이었다. 학교에서 보았을 때 '고맙다'고 한 말에 이렇게까지 태도가 달라지다니.

"내가 왜 이런 베이글 가게에서 일하는 줄 알아?"

듣고 보니 그렇다. 브래드는 고등학교 졸업 후 계속 예일대학에서 공부했다고 했다. 명문이지만 학비가 비싸 부유한 집안 출신이 많아서 당연히 브래드네 집안도 부자일 거라고 생각했는데 그런 사람이 왜 모멘트에서 아르바이트를 하는지 잘 이해가 되지 않았다.

"우리 아버지는 그로브 교수 밑에 있었어. 신경정신과에서 자기치료 연구를 하며 학계에서 주목을 받는 연구 성과도 많이 발표했지. 아버지는 그로브 교수와 치료가 어렵다는 질환에도 과감히 도전했어. 알다시피 연구가 임상에 응용되기까지는 시간이 많이 걸리기 때문에 끈기가 필요하지. 그런 시기 아버지의 연구 부정이 드러났어. 그로브 교수가 학과장 후보에 뽑혀 선거가 시작되려던 때였는데, 아버지가 몇몇 연구 데이터에 손을 댄 걸 조사위원회에서 밝혀냈지. 아버지는 학계에서 쫓겨났고 물론 예일에서의 지위도 잃어버렸어. 아버지 때문에 그로브 교수는 학과장이 되지 못했고. 그런데 정말 한심한 게 뭔지 알아?"

브래드는 분노를 참고 있는 듯 입술을 앙다물며 말했다.

"아버지가 전혀 반성하지 않았다는 거야. 나도 연구자 나부

랭이니까 그 부정이 연구팀 전체가 한 것이 아니라 아버지의 단독 행동이었다는 정도는 알아. 그런데도 아버지는 끝까지 그로브 교수에게 잘못을 덮어씌우려 했어."

"아…… 그런 일이 있었는 줄 몰랐어."

일본에 있을 때 예일에서 일어난 연구 부정에 대한 미디어 보도를 보았었다. 그런데 그 당사자가 브래드의 아버지일 줄은 꿈에도 몰랐다.

"그런데도 그로브 교수는 아버지에게 아무런 반론도 하지 않았어. 아니, 오히려 우리 가족에게 경제적인 도움을 줬지. 학과장도 되지 못하고 그런 지하 연구실로 쫓겨났는데도."

브래드는 한숨을 내쉬고는 말을 이었다.

"교수님도 자책을 많이 하셨다고 하더군. 자기 방법이 서툴러서 아버지가 데이터를 조작할 수밖에 없었다고 말이야. 그때부터야. 그로브 교수가 마인드풀니스 연구에 빠진 게……."

그래서 브래드는 요다에게 고개를 들지 못했던 걸까. 전에 없이 브래드의 말이 길어졌다.

"지난 번 네가 '고맙다'고 했을 때 네 모습에서 그로브 교수가 보였어. 그런데 오늘 '사람을 위한 베이글'이란 말까지 들으니 돕지 않으면 안 되겠다는 생각이 들었어."

○ ○ ○

조직과 사회까지 치유하는 마인드풀니스

"나쓰. 오랜만이야, 후하하하."

거의 한 달 만에 요다의 연구실을 찾았다. 지금까지 몇 달간 매주 이곳에 들락거리다 보니 요다가 그리워질 정도였다.

뉴헤이븐의 은자는 여전했다. 트레이드마크인 덥수룩한 머리와 구겨진 가운도.

"잘 지내셨어요, 선생님."

요다는 고개를 끄덕이며 진심으로 반가운 표정을 지었다.

"나쓰의 얼굴만 봐도 알 것 같아. 모멘트, 잘 돌아가지?"

그의 말대로였다. 스태프들의 협동심, 손님을 대하는 자세, 집중력, 아이디어……. 그런 모든 것들이 마인드풀니스를 시작하면서 생겨났고 그것으로 새로운 모멘트를 만들고 있었다. 경쟁점의 오픈에도 최근 한 달간 가게 매출은 과거 최고 기록을 갱신했다.

그 주역은 역시 '사람을 위한 베이글'이다. 이 신메뉴는 최첨단 뇌과학과 융합한 차세대 푸드 서비스로 사람들 사이에 화제가 되었다. SNS 등을 통해 정보가 퍼지면서 몇몇 웹 미디어에서 기사화되자 '사람을 생각하는 베이글'을 먹으러 오는 사람들로 가게가 북적거렸다. 다음 주에는 TV방송국에서도 취재를 오기로 했다.

단순히 새로운 기술의 이용이 아니라 사람의 마음을 치유한다는 이념을 토대로 한 접근이란 점 덕분에 사람들이 더 관심을 갖는 것 같았다. 한 뉴스 미디어에서는 '어떻게 작은 베이글 가게가 이상적인 휴식을 제공할까?'라는 제목으로 소개하기도 했다.

"그것만이 아니에요. 앞으로 가게 공간을 사용해 마인드풀니스 세미나도 시작하기로 했어요. 제목은 '마인드풀니스 모멘트'. 아, 이건 도모미의 생각이에요. 소극적이고 조용한 도모미가 적극적으로 그런 아이디어를 내줄지 몰랐는데……. 강사는 다이아나와 도모미가 같이 맡기로 했어요. 벌써 기대돼요."

"슈퍼! 후하하하, 사회공헌까지 하게 된 건가?"

요다는 눈이 안 보일 정도로 활짝 웃었다.

"마인드풀니스는 휴식법이라고 했는데 이 방법이 치유하는 건 개인만이 아니야. 확장하면 조직과 사회를 치유할 수 있지. 실제로 미국에서는 마인드풀니스를 정치와 외교 등에 적용하려는 흐름도 있어. 연방의회 내에서 마인드풀니스를 했다는 이야기가 있을 정도야.[2] 그런 의미에서는 마인드풀니스의 궁극적인 형태는 사회공헌이지. 나쓰는 멋지게 그 진수에 이른 것이고! 후하하하.”

“아니에요, 저는 아직…… 그런 자신감도 없고 모멘트가 앞으로 어떻게 될지 모르잖아요. 그런데 큰아버지가 어제 ‘가게는 이제 안심해도 된다, 다시 네 꿈을 이뤄라’ 하고 말했어요. 그래서 오늘은 선생님께 부탁드릴 게 있어서 왔어요.”

나는 요다의 얼굴을 보며 말했다.

“연구실에 다시 돌아오게 해주세요. 마인드풀니스 뇌과학을 진지하게 연구해보고 싶어요. 제멋대로인 건 알지만 선생님 밑에서 연구하고 싶어요!”

짧은 순간 침묵이 흘렀다.

“슈퍼! 물론이지!”

요다는 부드러운 표정으로 조용히 말했다.

“그런데, 나는 제자에게는 아주 엄격해, 후하하하.”

． ． ．

요다가 가만히 나를 쳐다보았다.

“나쓰, 말하고 싶지 않으면 안 해도 되는데…….”

그는 조심스레 말을 이었다.

“자네, 지금까지 여러 번 패닉 발작을 경험했지?”

가슴이 철렁했다. 요다는 모든 걸 알고 있었다.

"네……."

"나쓰도 잘 아니까 굳이 설명할 필요 없지만, 패닉 발작이 일어나는 이유는 몸과 마음에 제약이 있는 경우가 많아. 뭔가 짚이는 것 없어?"

정신을 차려보니 그동안 마음에 품고 있던 생각들을 전부 요다에게 털어놓고 있었다.

아무리 노력해도 아버지에게는 칭찬 한 마디 듣지 못했다는 것, 어릴 적부터 강요받았던 좌선, 아버지의 엄격함, 그런 아버지에 대한 반발심, 반복된 충돌, '중의 자식'이라고 친구들에게 괴롭힘 당했던 일, 패배에 대한 공포, 실패에 대한 불안, 거절에 대한 두려움…….

어느 사이에 눈물은 뺨을 타고 흘러 멈출 줄 몰랐다. 요다는 그런 나를 따뜻한 눈빛으로 지켜봐주었다.

모두가 편안해지기를
바라는 마음

　교토의 여름은 여전히 무덥다. 상대적으로 시원한 뉴헤이븐 기후에 익숙해진 탓인지 무더위에 저절로 인상이 찌푸려진다.

　신발을 벗고 법당 안으로 들어서자 후끈 열기가 몰려왔다. 주위를 둘러싼 나무에서는 매미 울음소리가 작렬한다. 현기증이 날 것 같았다.

　오래전, 아버지는 나를 새벽 5시 반에 깨워 이곳에서 좌선을 시켰다. 겨울에도 맨발로 차가운 바닥에 앉았다. 어릴 적에는 어두컴컴한 법당이 너무 무서웠다.

　아버지가 돌아가신 지 2년이 지났다.

　예일에서 다시 연구 생활을 시작하고 몇 개월 지났을 무렵

어머니로부터 아버지가 위독하다는 연락을 받았다. 서둘러 일본으로 돌아와 아버지가 입원해 있는 병실을 찾아갔다. 아버지는 침대 위에 힘없이 누워 있었다. 내 기억 속 모습과는 거리가 먼, 한없이 작아진 몸. 의식이 몽롱한 상태여서 대화도 할 수 없었다. 심한 통증이 밀려오는지 아버지의 호흡은 얕고 거칠었다.

"아버지, 죄송해요. 지금까지 정말 미안해요. 아버지가 말했던 것, 이제는 조금 알겠어요."

아버지 귓가에 되풀이해 속삭였다.

내 말을 알아들은 걸까. 살짝 고개를 끄덕이는 것 같기도 했다. 눈에는 눈물이 고여 있었다.

아버지의 장례식을 치른 후 다시 미국으로 돌아가 마인드풀니스에 뇌과학적인 접근을 시도하는 연구에 몰두했다. 발표한 논문 몇 편이 세계적으로 유명한 저널에 실려 인정받았고, 천천히 연구자로서의 길을 걷고 있다.

그리고 아버지의 3주기 기일을 맞아 오랜만에 교토에 왔다.

나무로 된 바닥에 앉아 호흡에 의식을 집중하자 맹렬한 더위와 마음을 어지럽히는 매미 울음소리가 배경으로 밀려난다. 눈을 감은 채 속으로 외웠다.

'아버지가 통증과 슬픔에서 치유되기를…'

'아버지가 고통에서 해방되기를…'

언젠가 요다가 가르쳐준 자비명상이다. 자신의 아픔뿐 아니라 타인의 아픔이 치유되기를 바라는 명상.

돌아가신 아버지를 위한 바람이 내 안에 스며든다.

매일의 연구에 지치고 긴장되었던 마음이 차츰 누그러졌다.

'무엇을 하는가'에서
'어떻게 존재하는가'로

'최고의 휴식법' 이야기를 끝까지 읽어준 여러분께 감사한다.

미국에 살다 보니 왜 마인드풀니스가 사람들에게 강한 인상을 주었는지 이해가 되었다. 이 나라에서는 많든 적든 주인공 나쓰처럼 과제(과업) 지향을 추구한다. 평생 '무엇을 하는가'가 중요한 '하는Doing 문화'다.

반면에 마인드풀니스가 기반으로 하는 가치관은 인생에서 '어떻게 존재하는가'가 중시되는 '존재Being 문화'라고 할 수 있다. 항상 무언가를 해야 하는데 지친 미국인에게 이런 생각은 상당히 매력적으로 비쳤을 것이다.

사실 마인드풀니스가 무엇인지 말로 설명하는 건 쉽지 않다. 이 단어의 막연함은 정의의 정밀도나 번역의 문제가 아니라 개념의 본질과 관계가 있다. 즉 '지식'으로서 입력할 수 있는 것이 아니라 그 세계에 뛰어들어 여러 번 반복해 실천하는 과정에서 체득되는 '지혜'이기 때문이다.

이 벽을 극복하기 위해 이 책에서는 스토리텔링 형식을 취했는데, 특별 부록으로 5일간의 매뉴얼도 수록했다. 먼저 이것을 참고해 휴식에 대해 음미해보길 바란다.

내가 정신의학을 공부하게 된 것은 과학과 마음의 접점에 매료되어서다. 지금은 미국과 일본이라는 두 문화 사이에서 흔들리는 나쓰 같은 존재다. 마인드풀니스는 뇌과학과 명상, 그리고 서양과 동양의 교차점에 있다. 내가 이 주제에 매력을 느끼는 이유가 거기에 있을지 모른다. 한 미국인 마인드풀니스 숙련가가 말했다.

"마음을 차분히 하면 내면의 예지叡智가 눈을 뜬다."

내가 의대생이던 시절에는 여기에 동의하는 미국인 과학자는 거의 없었고, 나 자신도 이 말이 옳다는 것을 뇌과학이 증명해내는 날이 오리라고 생각하지 못했다. 하지만 이제 수많은 연구 결과가 마인드풀니스가 우리의 심신에 긍정적 영향을 미친다는 것을 말해주고 있다. 무엇보다 심신의 휴식에 가장 적합한 방법임을 말이다. 그런 마인드풀니스의 매력이 책을 통해 조금이라도 전해지기를 바란다.

마지막으로 이 책을 읽고 난 후에는 5분이든 10분이든(1분이라도) 호흡에 의식을 집중해보자. 아마도 금방 마음은 방랑을 시작할 텐데 얼마나 자신의 의식이 잡념으로 가득 차 바쁘게 과거와 미래를 오가는지 실감할 수 있을 것이다.

모든 것은 거기서부터 시작된다. 어쩌면 그 몇 분의 명상이 당신의 뇌에 큰 전환점을 가져올지 모른다. 이 책이 그 계기가 될 수 있다면 저자로서 기쁠 것이다.

최고의 휴식을 위한
5DAY 매뉴얼

가족·파트너와 함께 사는 사람, 싱글 등 누구나 할 수 있는
5일간의 휴식 프로그램이다.
연말연시, 여름휴가 등 5일간의 시간을 낼 수 있을 때 활용해보자.

기본 사고

이 매뉴얼은 어디까지나 '기준'이다. 이렇게 하지 않으면 안 된다는 틀을 만들어 계획에 얽매이지 않도록 하자. 과제 지향의 '해야 한다'는 사고는 뇌의 피로를 유발하는 인지 왜곡이다.

시간이 나면 무슨 일이 있어도 쉬자고 벼르지 않을까? 만약 완벽을 추구한다면 차라리 포기하는 것이 낫다. 먼저 '쉬지 않아도 된다'고 생각하자. 뇌는 심술꾸러기다. 그렇게 생각하는 것이 반대로 깊은 휴식을 얻는 데 도움이 된다.

이 휴식법에는 돈이 들지 않는다. 비일상을 만들어낸다는 의미에서는 호화로운 휴양지에서 보내는 것과 비슷하지만, 소비나 오락으로 이루어지는 일반적인 휴가와는 근본적으로 개념이 다르다. 일회성 해방감에 젖었다가 끝나는 것이 아니라 일상으로 돌아와서도 행복감이 지속되는 상태를 목표로 하자.

매일 할 일

- 실외로 나가 햇빛을 쬐자.
- 처음 보듯 호기심을 갖고 숲이나 바다 같은 자연을 접하자.
- 따뜻한 물에 몸을 담그자.
- 스트레칭이나 요가 등 가볍게 몸을 푸는 운동을 하자.
- 디지털 기기, 특히 SNS는 멀리 하자.

D-1

뇌를 휴식 모드로 바꿔둔다

'5일간의 휴식'이라는 비일상으로 들어가기 위해 전날의 준비는 중요하다. 다음의 세 가지를 참고로 휴식 모드로 들어갈 준비를 하자.

① 온·오프 전환 의식을 하자

'파블로프의 개'처럼 정해진 음악이나 아로마 향으로 뇌에 조건 형성 conditioning 을 해두면 이후에도 휴식 모드에 들어가기 쉽다. 가장 추천할 만한 것은 미용실에 가서 머리카락을 자르는 것이다. '앞으로 휴식에 들어간다'라는 일정한 신호를 주는 것으로 뇌는 의외로 단순하게 휴식 모드에 들어간다.

② 일상을 정리하자

일과 생활의 스트레스를 노트에 써서 자주 사용하지 않는 서랍에 넣는다. 컴퓨터나 스마트폰을 정리해도 좋다. 이것들도 뇌에 주는 신호가 된다.

③ 집을 비일상적인 공간으로 바꾸자

가장 손쉬운 방법은 캠프용 간이 텐트를 실내나 마당에 설치하는 것이다. 그렇게까지 할 수 없는 사람은 자신이 숲이나 강가에 있다고 상상력을 발휘해보자. 유도 심상 효과 guided imagery 가 뇌에 주는 효과는 이미 실증되었다.

DAY 1
몸을 쉬게 하는 레이지 데이

레이지 데이lazy day 즉 아무것도 하지 않는 날이다. 아무튼 몸을 쉬게 하자. 외출을 해도 자신이 좋아하는 장소에 가자.

아침 늦잠을 자도 된다. 일어나면 마인드풀니스 호흡법을 10분 동안 실시한다.

낮 최소한의 집안일은 한다. 요리나 청소. 세탁을 할 때 동작명상을 하자. 집안일 자체가 휴식하는 기회가 되고, 자신의 뇌를 성장시키는 기회가 된다.

밤 따뜻한 물에 몸을 담그자(전신을 따뜻하게 하면 우울증에도 효과가 있다). 목욕을 할 때는 '숫자'를 세자. "목욕을 하며 숫자를 세는 것은 좌선과 마인드풀니스에 통한다"라고 말하는 숙련가도 있다.
일찍 잠자리에 들어 충분히 수면을 취하자. 잠이 오지 않거나 한밤중에 잠이 깨면 누운 채로 호흡에 라벨링을 하며 마인드풀니스 명상을 한다.

DAY 2

가본 적 없는 곳을 찾아간다

몸을 쉬었으면 다음은 뇌를 쉬게 한다. 우선 '매일 하는 것'을 하면서 편하
게 지내본다.

아침 아침에는 일찍 일어난다(전날 몸을 쉬면서 일찍 잠자리에 들면 저절로
일찍 잠이 깬다). 햇빛을 쬐며 밖의 공기를 느끼자. 동작명상을 한다.
어깨 결림에도 효과가 있다.

낮 주변에 가본 적 없는 곳이 있으면 찾아가보자. 가본 적 있는 장소도
평소 다니지 않는 길로 가본다. 그 이외는 목적지만 정하고 흐름에
몸을 맡긴다. 자동차나 자전거를 타든 걸어서 이동하든 중간에 동작
명상을 해보자. 요가나 스트레칭 같은 가벼운 운동을 할 때는 유튜
브 등에서 콘텐츠를 찾아보는 것도 좋다.

DAY 3

사람과의 교류를 확인한다

하프 레이지 데이half lazy day. 너무 의식해서 쉬려고 하지 말고 그저 불길과 장작을 떠올려라. 너무 힘이 들어가지 않는지 주의하자.

아침 10분간 마인드풀니스 호흡법을 한다.

낮 사람과의 교류를 확인하는 기회를 만들자. 친구나 가족과 웃으면서 식사를 하는 것이 이상적이다. 또 타인에 대해 애정과 감사를 표시하는 행동을 의식하자. '감사 메시지 카드를 건넨다' '꽃을 선물한다' '봉사활동을 한다' 등등.
물론 그것에 대해 타인이 어떻게 반응할지 알 수 없지만 그런 행동을 하는 것 자체가 의미 있는 것이다. 고향 친구나 연락을 오래 하지 못했던 지인에게 연락해보는 것도 좋다.

DAY 4

욕구를 해방시켜주는 와일드 데이

자신의 욕구·욕망을 마음껏 해방시켜주는 날. 그전까지는 가능한 욕구를 자제하고 이 날까지 충전해두자. 기대감은 사람의 기분을 정돈해 우울감을 개선하는 효과가 있다.

아침 10분간의 마인드풀니스 호흡법을 끝내면 생리적 요구(식욕이나 성욕)나 물욕을 의식해본다. 즉 그런 욕구를 성립시키는 조건과 그것을 충족하는 것으로 생기는 개인적, 사회적 결과에 대해 생각한다. 긍정심리학에 의하면 물질적인 만족은 인간의 행복의 사소한 부분을 차지할 뿐 6개월이 지나면 감퇴한다.

낮 자신의 바람을 즐겨보자. '쇼핑을 한다', '맛있는 음식을 먹고 싶은 만큼 먹는다' 등. 미리 시간, 돈의 범위를 설정해두면 이후에 후회하는 것을 막을 수 있다.

밤 이때부터 서서히 일상, 일에 대한 생각이 떠오르기 시작할 수 있다. 평정명상을 통해 마음의 평정을 유지한다. 또 일에 대해 적극적으로 생각한다면 '무엇을 실현하고 싶어서 일을 할까?' 다시 확인해보는 시간을 만들자. 잠자기 전에는 자비명상으로 지금 자신이 감사할 수 있는 것을 10가지 생각해보자.

DAY 5

'다음의 휴식'을 보다 잘하기 위한 준비

마지막 날이다. '매일 할 일'을 의식하면서 아침부터 낮까지 여유롭게 보내자. 분명 내일부터 시작되는 직장일이나 집안일 등 일상에 대해 생각하게될 것이다. 그러나 5일간에 걸쳐 마인드풀니스 명상을 계속했다면 일상 자체를 받아들이는 자세가 달라질 것이다.

밤   비일상에서 서서히 일상 모드로 돌아가는 의식을 한다. 간단히 할 수있는 것은 노트를 준비해 '다음의 5일간 휴식' 계획을 세우는 것이다. '불길'을 계속 피우기 위해서는 '공간'이 필요하다. 그 공간을 미리 만들어두는 것이다. 아마 5일 동안 '이것은 이렇게 하면 되지 않을까'하는 깨달음도 있었을 것이다. 그것들도 다음 계획에 더하자.

—

궁극의 쉼터는 세상의 어딘가에 존재하지 않는다. 자신의 내면이 치유되어야 진정한 휴식을 얻을 수 있다. 그렇게 하려면 무엇보다 뇌를 쉬게 해야한다.

들어가며

1 Raichle, Marcus E, and Debra A. Gusnard. "Appraising the brain's energy budget." Proceedings of the National Academy of Sciences 99.16(2002): 10237-10239.

2 Tan, Chade-Meng, Search Inside Yourself. Harper Collins USA(2012)

1장

1 "Best Global Universities for Psychiatry/Psychology."U.S.News (2016): http:// www.usnews.com/education/best-global-universities/psychology (accessed 2016-07-08)

2 Gelles, David."At Aetna, a C.E.O.'s Management by Mantra." The NewYork Times(2015)http://www.nytimes.com/2015/03/01/business/at-aetna-a-ceos-management-by-mantra.html(accessed 2016-07-08)

2장

1 Krasner, Michael S., et al. "Association of an educational program in mindful communication with burnout, empathy, and attitudes among primary care

physicians." The Journal of the American Medical Association 302.12(2009):1284
-1293.

2 Brewer, Judson A., et al. "Meditation experience is associated with differences in
default mode network activity and connectivity." Proceedings of the National
Academy of Sciences108.50(2011):20254-20259.

3 Killingsworth, Matthew A., and Daniel T. Gillbert. "A wandering mind is an
unhappy mind." Science 330.6006 (2010): 932-932.

4 Raichle, Marcus E., "The brain's dark energy." Scientific American 302.3(2010):
44-49.

5 Liston, Conor,et al. "Default mode network mechanisms of transcranial
magneticstimulation in depression." Biologial Psychiatry76.7 (2014): 517-526.

6 저자의 진료기록 및 실험자료에. Zung 우울증 척도에서의 '권태감'항목의 변화를 TMS
자기치료 전후로 비교한 결과 권태감은 36.1% 개선되어 통계적으로 의미 있는 저하를
볼 수 있었다. (p<0.01).

7 Sheline, Yvette I., et al. "The default mode network and self-referential processes
in depression." Proceeding of the National Academy of Sciences 106.6(2009):
1942-1947. Sheline, Yvette I., et al. "Restring–state Functional MRI in depression
unmasks increased connectivity between networks via the dorsal nexus."
Proceeding of the National Academy of Science107.24(2010):11020-11025.

8 Speduti, Marco, Pénélope Martinelli, and Pascale Piolino. "A neurocognitive
model of meditation based on activation likelihood estimation (ALE)meta-
analysis." Consciousness and Cognition 21.1(2012): 269-276.

9 Lazar Sara W., et al. "Meditation experience is associated with in creased cortical
thickness." Neuroreport 16.17(2005): 1893. Hölzel, Britta K., et al. "Mindfulness
practice leads to in increases in regional brain gray matter density." Psychiatry
Research: Neuroimaging 191.1 (2011): 36-43.

10 Lazar Sara W., et al. "Meditation experience is associated with increased cortical
thickness." Neuroreport 16.17(2005): 1893.

11 Hölzel, Britta K., et al."Mindfulness practice leads to in increases in regional
brain gray matter density." Psychiatry Research: Neuroimaging 191.1 (2011): 36-
43.

12 Fox, Kieran CR, et al. "Is meditation associated with altered brain structure? A
systematic review and meta-analysis of morphometric neuroimaging in
meditation practitioners." Neuroscience Biobehavioral Reviews43 (2014): 48-73.

13 Tang, Yi-Yuan, Britta K. Hölzel and Michael I. Posner. "The neuroscience of mindfulness meditation." Nature Reviews Neuroscience 16,4 (2015): 213 225.

3장

1 Tang, Yi-Yuan, et al. "Short-term meditation induces white matter changes in the anterior cingulate." Proceedings of the National Academy of Science 107.35(2010): 15649-15652.

4장

1 Chiesa, Alberto, Raffaella Calarti, and Alessandro Serretti. "Does mindfulness training improve cognitive abilities? A systematic review of neuropsychological findings." Clinical Psychology Review 31.3(2011): 449-464.

2 Brewer, Judson A. "How to Get Ourof Your Own Way(and the Brain Science Behind It)." The Huffington Post(2013): http://www. huffingtonpost.com/dr-judson-brewer/optimal-psychology_b_3245485.html(accessed 2016-06-21).

3 Brewer, Judson A., et al. "Meditation experience is associated with differences in default mode network activity and connectivity." Proceedings of the National Academy of Sciences 108.50 (2011): 20254-20259. Brewer, Judson A., and Kathleen A. Garrison. "The posterior cingulate cortex as a plausible mechanistic target of meditation: findings from neuroimaging." Annals of the New York Academy of Sciences 1307.1 (2014): 19-27.

4 Cairncross, Molly, and Carlin J. Miller. "The Effectiveness of Mindfulness–Based Therapies for ADHD A Meta-Analytic Review." Journal of Attention Disorde rs(2016):108705415625301.

5장

1 당원 기초자료에 의함. 특정 기간에 진찰을 받은 환자 8명에게 TMS 자기치료를 실시한 결과 모든 예에서 수면 개선을 볼 수 있었다.

2   Xie, Lulu, et al. "Sleep drives metabolite clearance from the adult brain." Science 342.6156(2013): 373-377.

3   Greicius, Michael D., et al. "Default-mode network activity distinguishes Alzheimer's disease from healthy aging: evidence from functional MRI." Proceedings of the National Academy of Sciences of the United State of America 101.13(2004): 4637-4642.

6장

1   Hölzel, Britta K., et al. "Stress reduction correlates with structural changes in the amygdala." Social Cognitive and Affective Neuroscience 5.1 (2010): 11-17.

2   Smith, ME Beth, et al. "Treatment of myalgic encephalomyelitis/chronic fatigue syndrome: a systematic review for a national Institutes of Health Pathways to Prevention Workshop." Annals of Internal Medicine 162.12(2015): 841-850.

3   Knijnik, Leonardo M., et al. "Repetitive Transcranial Magnetic Stimulation for Fibromyalgia: Systematic Review and Meta-Analysis." Pain Practice(2015).
     Palm, Ulrich, et al. "Non-invasive brain stimulation therapy in multiple sclerosis: a review of tDCS, rTMS and ECT results." Brain Stimulation 7.6 (2014): 849-854.
     Tendler, Aron, et al. "Deep Repetitive Transcranial Magnetic Stimulation(dTMS) for Multiple Sclerosis(MS) Fatigue, Irritability and Parasthesias: Case Report." Brain Stimulation Basic, Translational, and clinical Research in Neuromodulation 7.5 (2014): e24-e25.
     Schippling S. et al. 29th Congress of the European Committee for Treatment and Research in Multiple Sclerosis(ECTRIMS). Abstract3165. Presented October 4, (2013),.

4   Simpson, Robert, et al. "Mindfulness based interventions in multiple sclerosis-a systematic review." BMC Neurology 14. 1(2014).

5   Sánchez-Villegas, Almundena, et al. "A longitudinal analysis of diet quality scores ans the risk of incident depression in the SUN Project." BMC Medicinel 13.1 (2015).
     Quirk, Shae E., et al. "The association between diet quality, dietary patterns ans depression in adults: a systematic review." BMC Psychiatry 13.1(2013).

Estruch, Ramón, et al. "Primary prevention of cardiovascular disease with a Mediterranean diet." New England Journal of Medicine 368.14(2013): 1279-1290.

6 van Praag, Henriette. "Exercise and the brain: something to chew on." Trends in Neuroscience 32.5(2009):283-290.

7 Dash, Sarah, et al. "The gut microbiome and diet in psychiatry: focus on depression." Current Opinion in Psychiatry 28.1(2015):1-6.

8 O'Reilly, Gillian A.,et al. "Mindfulness- based intervention for obesity – related eating behaviours: a literature review." Obesity Reviews 15.6(2014): 453-461.

9 Cooney, Gray M., et al. "Exercise for depression." The Cochrane Library (2013).

10 Rethorst, Chad D., Bradlly M. Wipfli, and Daniel M. Landers. "The antidepressive effects of exercise." Sport Medicine39.6(2009): 491-511.

11 Erickson, Kirk I., et al. "Exercise training increses size of hippocampus and improves memory." Proceedings of the National Academy of Sciences 108.7 (2011): 3017-3022.

12 Chatterjee, Anjan. "Visual Art." In: Gottfried, Jay A. ed. Neurobiology of Sensation and Reward. CRC Press (2011): Chapter18.

13 Bögels, Susan, et al. "Mindfulness training for adolescents with externalizing disorders and their parents." Behavioural and Cognitive Psychotherapy 36.02(2008): 193-209.

7장

1 Kuyken, Willem ,et al. "Effectiveness and cost- effectiveness of mindfulness-based congnitive therapy compares with maintenance antidepressant in the prevention of relapse or recurrence(PREVENT): a randomised controlled trial." The Lancet 386.9988(2015): 63-73.

8장

1 Goleman, Daniel. Emotional Intelligence: why it can matter more than IQ. Bantam Books (2005).

2   Brewer, Judson A., et al. "Mindfulness training for smoking cessation : results from a randomized controlled trial." Drug and Alcohol Dependence 119.1(2011): 72-80.

3   Darley, John M., and C. Daniel Baston. "From Jerusalem to Jericho": A study of situational and dispositional variables in helping behavior."Journal of Personality and Social Psychology 27.1 (1973):100.

9장

1   Sharot, Tail, et al. "Neural mechanisms mediating optimism dias." Nature 450. 7166(2007): 102-105.

2   Drevets, Wayne C., et al. "Subgenual prefrontal cortex abnormalities in mood disorders." Nature 386. (1997): 824-827.

3   Ozbay, Fatih, et al. "Social support and resilience to stress: From neurobiology to clinical practice." Psychiatry 4.5(2007): 35-40.

4   Kaufman, Joan, et al. "Social supports ans serotonin transporter gene moderate depression in maltreated children." Proceedings of the National Academy of Sciences of the United States of America 101.49(2004): 17316-17321.

5   Charney, D.S, MD, interviewed by Norman Sussman, MD."In session with Dennis S. Charney, MD: Resilience to stress." Primary Psychiatry 13. (2006): 39-41.

6   Krishnan, Vaishnav, et al. "Molecular adaptations underlying susceptibility and resis trance to social defeat in brain reward regions." Cell 131.2 (2007): 391-404.
     Chaudhury, Dipesh, et al. "Rapid regulation of depression- related behaviours by control of midbrain dopamine neurous." Nature 493.7433(2013): 532-536.
     Friedman, Allyson K., et al. "Enhancing depression mechanisms in midbrain dopamine neurons achieves homeostatic resilience." Science 344.6181(2014): 313-319.

7   Tang, Yi-Yuan, BrittaK. Hölzel and Michael I. Posner. "The neuroscience of mindfulness meditation." Nature Reviews Neuroscience 16.4(2015): 213-225.

8   Van Dusen, Allison. "Inside The Endurance Athlete's Mind." Forbes(2008): http:'//www.forbes.com/2008/09/22/endurance-race-training-forbeslife-cx_avd_0922sports.html(accessd 2016-06-26).

10장

1 Lewis,Tanya. "A Harvard psychiatrist says 3 things are the secret to real happiness." Business Insider(2015):http://www.businessinsider.com/robert-walginger-says-3-things-are-the-secret-to-happiness-2015-12(accessed 2016-07-08). Waldinger, Robert. "What makes a good life? Lessons from the longest study on happiness." TED(2015):http://www.ted.com/talks/robert_waldinger_what_makes_a_good_life_lessons_from_the_longest_study_on_happiness(accessed 2016-07-08)
Bradt, George. "The Secret of Happiness Revealed By Harvard Study." Forbes(2015):http://www.forbes.com/sites/georgebradt/2015/05/27/the-secret-of-happiness-revealed-by-harvard-study/(accessed2016-07-08).

2 Tang, Yi-Yuan, et al. "Central and autonomic nervous system interaction is altered by short-term meditation." Proceedings of the National Academy of Sciences 106.22(2009):8865-8870.

3 Kabat-Zinn, Jon, et al. "Influence of a mindfulness meditation-based stress reduction intervention on rates of skin clearing in patients with moderate to severe psoriasis undergoing photo therapy(UVB) and photochemotherapy(PUVA)." Psychosomatic Medicine 60.5(1998): 625-632.

4 Tang, Yi-Yuan, Britta K. Hölzel, and Michael I. Posner. "The neuroscience of mindfulness meditation." Natural Reviews Neuroscience16.4(2015): 213-225.

11장

1 Lykken, David, and Auke Tellegen."Happiness is a stochastic phenomenon." Psychological Science 7.3(1996): 186-189.

2 Plum Village. "Thich Nhat Hanh address to US Congress, September 10, 2003" Plum Village Website(2003): http://plumvillage.org/letters-from-thay/thich-nhat-hanh-adress-to-us-congress-september-10-2003/(accessed 2016-06-26).

옮긴이 **홍성민**

성균관대학교를 졸업하고, 교토 국제외국어센터에서 일본어를 수료했다. 현재 일본어 전문 번역가로 활동 중이다. 옮긴 책으로 《모눈노트 공부법》, 《인생이 빛나는 정리의 마법》, 《버리면서 채우는 정리의 기적》, 《2020 하류 노인이 온다》, 《좌절하지 않는 한 꿈은 이루어진다》 외 다수가 있다.

최고의 휴식

1판 1쇄 발행 2017년 7월 20일
1판 14쇄 발행 2023년 9월 22일

지은이 구가야 아키라
옮긴이 홍성민

발행인 양원석 **책임편집** 박현숙
디자인 남미현, 김미선 **일러스트** 이시내
영업마케팅 양정길, 윤송, 김지현, 정다은

펴낸 곳 ㈜알에이치코리아
주소 서울시 금천구 가산디지털2로 53, 20층 (가산동, 한라시그마밸리)
편집문의 02-6443-8854 **도서문의** 02-6443-8800
홈페이지 http://rhk.co.kr
등록 2004년 1월 15일 제2-3726호

ISBN 978-89-255-6205-6 (03320)